# 歎異抄を読む

今、念仏に生きる意味を問う

READING TANNISHŌ

田中好三

法藏館

# はじめに

仏教にあまり関心のない人でも、その名前は知っているという不思議な本、それが『歎異抄』です。なぜなのでしょうか。仏教書としてすぐれているということはあるにしても、心に響く何か、心安まる何か、教えられる何かがあるからに違いありません。

二十歳のころ、青年期特有の、生きることに漠然とした悩みをかかえていました。そのころ、よく読んでいた亀井勝一郎氏の作品を通じて『歎異抄』を知り、親鸞聖人と出会いました。

いきなり第一条の「罪悪深重・煩悩熾盛《しじょう》の衆生を助けん」（罪深く煩悩まみれの私たちを救う）というくだりが心にぐさりと刺さりました。未来への明るい希望を持つかと思うと、自己嫌悪に陥ったりする不安定な心に響いたのだと思います。

しかしそれは、宗教的なあり方としてではなく、抜きん出て何かをしたい、素敵な女性と恋をしたい等々、血気盛んな精神と隣り合わせになっていた「自己中心の我」に突き刺さったものでした。同時に、鎌倉時代に、すでに人間の本質を見抜いて、しかもそれを弟子に正確に伝えている親鸞という人物にも強く興味を持ちました。

その後、高校の教員（国語）になり、三十代後半のころ、「古典」の教材で『歎異抄』や『正法眼蔵随聞記』に出会いました。国語教育ですから宗教書としてではなく、古典文学の一作品としての扱いです。中世という激動の時代に、新しい人間の生き方を求めて形成された思想を学ぶという位置づけでした。これらは、すぐれた宗教者が、時代の空気を敏感にとらえて、弟子や人々に語り聞かせたものです。そこには、鋭い人間観察がみられ、同時に、独創的な表現もみられることで、教科書として採用されていたのです。

『歎異抄』を宗教的な観点から読み解くわけではないですから、きわめて気楽でした。しかし、「善」や「悪」を宗教的なベースで語らなければ、真に親鸞の考えや苦悩は理解できないわけで、いわば不消化なままに終わったという印象でした。

ただ、その時、親鸞の「人間観察」という点に再び強くひかれ、その後、解説書などをも少しずつ読むようになって、定年退職後に、本格的に学びたいと、大学の門をたたいたのです。そこでの学びは、七十歳を過ぎるころから、単に学問としてではなく、死とは何か、念仏に生きるとはどういうことかを考えるようになり、『歎異抄』が私を誘っていると思うようになりました。

そうして、私なりの読みを試みたのがこの書です。人間とは何か、なぜ今、念仏なのか、他力とは何かが少しでも伝えられたらと願っています。

なお、『歎異抄』は、全体として以下のような構成になっています。

1 序論（漢文）　「序文」で、全体の序
2 本論Ⅰ（第一条～第十条の一部）　親鸞の語録
3 中序（第十条の一部）　本論Ⅱの序
4 本論Ⅱ（第十一条～第十八条）　唯円の異義嘆
5 結論（後序）　跋文《ばつぶん》
6 付録　流罪の記録（承元の法難または建永の法難）

この章立ては、全体を序論・本論・結論という一般的な論文のスタイルに基づいて作成したものですが、「3　中序」があったり、「6　付録」があったりしていて、少し変則になってはいます。しかし、現在の私たちが書いたり読んだりする論文と違わない見事な構成です。

本書での解説は、序文から順に、原文と現代語訳、そして解釈という形で書き進めています。しかし、「本論Ⅱ　唯円の異義嘆」（第十一条～第十八条）については、解釈だけにしていて、また付録については触れていません。

# 歎異抄を読む＊目次

目　次

# 凡　例

一、『歎異抄』の本文および親鸞の著作からの引用は、『浄土真宗聖典全書』（本願寺出版社）によりました。

一、漢文資料は書き下し文に改め、和文資料とともに、適宜、新字体に改めるなど、中学・高校の古典教科書の方式をとって、読みやすくしました。

# 歎異抄を読む——今、念仏に生きる意味を問う——

# 1 親鸞とその時代

## 延暦寺出身

『歎異抄』は、親鸞の弟子である唯円（一二二二～一二八九頃）が、親鸞の教えを後世に残すために書き著したものとされています。

ただ、著者名がないことや、そもそも原本が残っていないことから、唯円以外の著者説もあります。第九条と第十三条に「唯円」という名が出てくることもあって、現在は唯円説が有力です。

題名を意訳すると、

同じ念仏の道をいく人の中に、親鸞聖人とは異なった考えをしている人がいるので、それを嘆いて書いたいくつかのこと

という意味になります。つまり、親鸞の教えを明らかにしようとしたものです。その教えを間違って解釈している人がいて、このままでは、親鸞聖人の真意が正しく伝わっていかないという危機感を抱いて、唯円が書こうと決意したわけです。

ですから、この『歎異抄』を読んでも仏教の基礎がわかるわけではありません。仏教の中の浄土教（浄土仏教）に限定した話だからです。しかし、可能な限り、仏教の基礎的な内容も加味しながら、読み進めていきます。

今「浄土教（浄土仏教）」と書きました。親鸞は「浄土真宗」ではなかったか、と疑問に思う人もあるでしょう。しかし、「浄土真宗」という教団は親鸞の死後、かなりたってからできたものです。ですから、法然（一一三三～一二一二）が新しく浄土宗を開いていて、親鸞はその弟子の一人でした。

中国から六世紀に日本に仏教が伝来して以来、関西を中心に、寺院が建立されました。南都北嶺の寺院の数々です。奈良時代には、興福寺・薬師寺など（法相宗）、東大寺など（華厳宗）、唐招提寺など（律宗）が建立されます。各地に国分寺の建立もされますが、平安時代には、延暦寺など（天台宗）、金剛峯寺や東寺など（真言宗）も建立されました。

これらの寺は、原則として仏教のさまざまな経典を学ぶ場所であって、いわば仏教の経典大学でした。特に比叡山延暦寺で学んだ僧が、平安時代末期から鎌倉時代にかけて、新しい仏教の宗派をうち立てていきます。法然（浄土宗）、日蓮（日蓮宗）、道元（曹洞《そうとう》宗）、栄西（臨済宗）、良忍（融通念仏宗）といった面々は、すべて延暦寺で仏典を学び、修行した人たちです。浄土真宗の祖である親鸞もその一人ですが、みずから宗派を立てたわけではありません。いずれにしても、延暦寺は天台宗ではありますが、さまざまな経典が学べる総合仏典大学だったのです。

こうした環境の中で、親鸞は九歳から二十九歳まで、多くの仏典を学んだのでした。

## 親鸞という人

親鸞は、承安三（一一七三）年、日野有範の長男として京都市南部の日野の里に生まれたとされています。日野家は、藤原氏の流れをくむが、有範は政治的立場から離れた境遇であったため、親鸞は貴族としての出世は期待できませんでした。

そこで九歳で仏門に入り、比叡山で二十年間の修行を続けます。建仁元（一二〇一）年、二十九歳の時、比叡山から京都市内の六角堂へ、百日間の参籠をします。参籠とは、その場所に一定期間宿泊して切実なる願をかけて修行するものです。その九十五日目に夢のお告げを聞き、法然の門下に入ります。法然も比叡山で修行した僧侶ですが、親鸞が出家する前に、すでに比叡山を下りていて、京都の東山で独自の説法を行っていました。一言でいえば、念仏一つで救われるという「専修《せんじゅ》念仏」を確立していました。

法然の教えを慕って、貴族や武家・庶民など男女を問わず多くの人々が信徒となっていました。いわば新興宗教だったのです。時期は不明ですが、親鸞はこのころ結婚しています。

法然の教えが広まっていくうちに、すでに活動していた仏教寺院からの批難や訴えがあって、建永二・承元元（一二〇七）年、専修念仏の禁止という厳しい処罰を受けます。その結果、親鸞（三十五歳）は越後へ流罪となりました（法然は讃岐へ流罪、他の弟子たちも死罪や流罪を受けた）。

四年後に放免されますが、しばらく越後にいた後、京都には戻らず、常陸の国（茨城県）を中心に布教活動に専念します。ここに拠点を置いて、今の群馬・栃木・埼玉・東京・神奈川と、広い範囲にわたった活発な活動をします。そのため、当時の関東で念仏の教えが広まり、多くの人たちが門弟となりました。このころ、親鸞の主著である『教行信証』を書き始めたと考えられています。

約二十年の関東時代を経て、六十歳を過ぎてから、親鸞は京都に戻ります。しかし、京都ではほとんど布教活動をせず、さまざまな執筆活動をする一方で、関東の門弟たちとの手紙等による指導（布教活動）をしていきました。

その中で、関東では親鸞が伝えた教義に混乱が起こってしまいます。そこで、親鸞はその沈静化のために息子の善鸞を送りました。ところが、善鸞は、父から秘密の教義を聞いたと嘘《うそ》を言って、混乱をさらにひどくしてしまいます。そのため、親鸞はついに、善鸞を義絶した（親子の縁を切った）と伝えられています。

晩年は、自分の寺は持たず、新しい宗派を立ち上げることもなく、もっぱら著作にエネルギーを費やした生活で、漢文だけでなく和文によるものも多くあります。弘長二（一二六二）年、九十歳で命を閉じました。

## 時代背景

親鸞が比叡山に登り、やがてそこを出て法然の元で仏教の道を歩んでいきますが、平安時代から鎌倉時代にかけては、社会が大きく変化していく時代でした。貴族の時代から武家へと転換していくという激動の時代だったのです。

そもそも日本の仏教は、伝来以来、国家護持・国家安泰を願うものであって、庶民を救うとか庶民の心の支えになるといったものではありませんでした。僧侶は今風にいえば国家公務員であって、まさに国を守る役割を担っていました。

そうした中、貴族の力が衰えて、地方豪族や武士が力を持ってきます。保元元（一一五六）年に「保元の乱」、平治元（一一五九）年に「平治の乱」があり、そして源平合戦となって、元暦二・寿永四（一一八五）年の「壇ノ浦の戦い」で決着がつき、平氏が滅びます。その結果、十二世紀の終わりに鎌倉幕府ができあがり、政治の実権は武家がにぎることになります。言ってしまえば簡単ですが、たいへんな変革の時代、激動の時代でした。

この戦乱という不安な時代に、時を同じくして、洪水・飢饉・疫病・地震・大火などが続いて、実に不安な時代でした。『方丈記』（建暦二〈一二一二〉年）によると、仁和寺の僧侶が、死んだ人々の成仏を願って、遺体ごとに「阿」の字を書いてまわったが、なんと「四万二千三百余り」もあったと書かれています。しかも、これは都の中心部だけのことであって、その周辺の河原などにも多くの死者があり、また時間的な幅を考えると「際限もあるべからず」と記録されています。まして、都以外の国々も合わせると、たいへんなことだったと書かれています。

当時の医療は、加持祈禱（病気や災難から守るために神仏に祈ること）が中心だった時代ですから、不安は計り知れないものだったと思います。こうした不安をどのようにすればいいかと悩み、惑う人々にとって、新しい宗教が救いの一つになっていくわけです。

と同時に末法思想がありました。釈迦の生存中を、「正法」の時代といいます。「教え・行・悟り」の三つがそろっていました。次は、釈迦が亡くなった後で、「像法」の時代といいます。「像」つまり形が残っている時代ということで、「教え・行」はあるが、「悟り」のない時代のことです。その後は「末法」の時代で、「教え」だけがあり、「行・悟り」のない時代をいいます。

日本では、一般的に永承七（一〇五二）年に末法の時代に入ったとされています。親鸞の生まれる少し前です。

こうした時代背景の中で、法然の説いた念仏の教えが、あらゆる階層に広まっていったわけです。それは、インド、中国、日本と受け継がれてきた浄土教の流れを引き継いだものので、阿弥陀仏の本願によって誰でも極楽往生ができる、救われるというものです。「阿弥陀仏の本願」については後で詳しく説明しますが、他の宗派とは違って、特別な修行を必要としない、きわめて易しい念仏の道でした。

## 2

# 親鸞聖人の教えを正しく伝えたい（序文）

**【原文】**

窃《ひそ》かに愚案を回《めぐ》らして、粗《ほ》ぼ古今を勘《かんが》ふるに、先*師の口伝の真*信に異なることを嘆き、後*学相続の疑惑有ることを思ふに、幸ひに有縁の知*識に依らずは、争《いか》でか易*行の一門に入ることを得んや。

全く自*見の覚語を以て、他*力の宗旨を乱ること莫《な》かれ。

仍《よっ》て、故親鸞聖人の御物語の趣、耳の底に留むる所、聊《いささ》か之を注《しる》す。偏《ひとえ》に同心行者の不審を散ぜんが為なりと云*々。

**【語句】**

**先師**　親鸞のこと。

**真信**　真実の信心。

**後学相続**　後から学んで受け継いでいく人。

**知識**　善知識のことで、正しい仏道に導く人。

**易行の一門**　念仏を称えることで浄土への往生ができる仏道。

**自見の覚語**　自分本位の立場に立った考え・見解。

**他力の宗旨**　他力念仏の根本的な教え。

**云々**　「うんぬん」と読む。引用した言葉はまだ続くが、以下を省略したことを示す（ここは、自分の書いた文章を引用したと解釈しておきます）。

**【現代語訳】**

自分なりに頭を働かせて、昔と今を比べてみると、このごろは、親鸞聖人が直接お話しになった真実信心の教えとは違っていて、実に嘆かわしく思います。後の世に聖人の教えを継承していく時、このままでは疑いや迷いが出てくると思われます。幸いにも私は、教えを直接に伝えてくださった親鸞聖人のお導きがありましたが、もしそれがなかったならば、どうして易行の浄土門に入ることができたでしょうか。

親鸞聖人が説かれた阿弥陀仏の本願他力という教えの要点を、自分勝手な解釈や判断によって決して混乱させてはなりません。

したがって、今は亡き親鸞聖人が直接教えてくださった内容で、私の耳にありありと残っているお言葉を少しばかり書きとどめておこうと思うのです。これは、ただひたすら、志を共にする人たちの疑問を取り除こうと思うためです。

## 親鸞に導かれた唯円

原文は漢文ですが、ここでは書き下し文にしています。難しい漢字は少しありますが、それほど難解な文章ではありません。ただし、「易行の一門」や「他力の宗旨」という言葉は仏教用語なので、解説が必要でしょう。後で説明します。

さて、序文を読んでみましょう。冒頭の一節に、

先師の口伝の真信に異なることを嘆き、

とあって、『歎異抄』という書名の由来になっています。

親鸞聖人亡き後の今、聖人の説かれた真実の信心とは違ってきていることに気づいていて、何とかしなければという、唯円の強い嘆きが伝わってきます。怒りではなく嘆きという言葉に唯円の気持ちが込められています。

後序にも、「閉眼ののちは、さこそしどけなきことどもにて候はんずらめと、嘆き存じ候ひて」（私が死んだ後は、さぞかし教えについてしまりがなくなっていくだろうと嘆き悲しんでおりまして）とあります。

また、同じ後序に、「信心異なることなからんために、泣く泣く筆をそめてこれを記す」（信心が異なることのないように、泣く泣く筆をとって書いたのです）と述べていて、異なる信心への悲しみが「嘆き」として強く伝わってきます。つまり、ただひたすら親鸞聖人の教えを正しく伝えたいという強い思いが表明されているのです。

序文に戻ります。このまま異なった考えが続いていくと、この道を歩もうとしている人たちがきっと迷ったり悩んだりするに違いないと心配になるのです。そこで、

幸ひに有縁の知識に依らずは、争《いか》でか易行の一門に入ることを得んや。

と続けて、私（唯円）は、幸いにも縁あって知識（導く人）である親鸞聖人に出会ったおかげで「易行の一門」（浄土門）に入ることができたと、みずからの体験を明らかにしています。

ここは「争《いか》でか〜得んや」という反語表現ですので、もし親鸞聖人に出会わなかったらこの道に入ることができなかったという意味です。これは一種の強調表現で、貴重な出会いに驚き、喜んでいる様子を読みとることができます。同時に、こうした善知識（正しい仏道に導く人）に出会うことの重要性を語っています。

### 浄土門

仏教を開いた釈迦の教えを、大きく聖道門（聖道仏教）と浄土門（浄土仏教）に分ける考

え方があります。聖道門とは、自分の力で悟りを開くことを目指す聖者の道をいい、浄土門とは、阿弥陀仏の本願を信じ念仏して浄土に生まれ、来世に悟りを開こうとする凡夫の道をいいます。

聖道門は、みずからの力によって悟りを得るために、さまざまな難行・苦行をするので、「難行の聖道門」ともいいます。現在の宗派でいうと、法相宗（興福寺など）、華厳宗（東大寺など）、律宗（唐招提寺など）、天台宗（延暦寺など）、真言宗（金剛峯寺など）、日蓮宗（久遠寺など）、禅宗（永平寺・妙心寺など）です。

一方、浄土門は、ただひたすら阿弥陀仏の本願を信じて念仏を申すだけですので、「易行の浄土門」ともいうのです。この「易行」とは、いつでも、どこでも、誰でもできる行という意味です。今風にいえば「持続可能な」行ということです。法然や親鸞の教えは浄土門です。唯円はこの浄土門に入るにあたって、親鸞という師匠の導きによって得たことを、大きな喜びとしているのでした。現在の宗派でいうと、浄土宗（知恩院など）、浄土真宗（東西の本願寺など）、時宗（清浄光寺など）、融通念仏宗（大念仏寺など）です。

日本の仏教の宗派は、おおむね、どの経典に基づいた教えなのかによっています。多くの経典の中から選び取って信心のよりどころとしているわけです。たとえば、最澄（天台宗）や日蓮（日蓮宗）は『法華経』を中心に据え、空海（真言宗）は『大日経』『金剛頂経』

などを根本経典としたわけです。浄土仏教の宗派は『無量寿経』などを根本としています。禅宗など根本経典を定めていない宗派もありますが、おおよそこのように中心となる経典を定めているわけです。

浄土門とは、別の言い方をするなら、『無量寿経』などに説いてある教えに従って信仰していく道ということもできます。この経典のほか『観無量寿経』『阿弥陀経』を合わせて浄土仏教の三つの重要経典としていて、浄土三部経といいます。

## お経とは

経典についても触れておきます。いわゆる「お経」のことで、釈迦の教えが説かれているとされています。しかし、釈迦自身が書いたものではなく、インドにおける弟子たちが釈迦の教えを書き残したものとされています。ですから、原典は当時インドで使われていたサンスクリット語（梵語《ぼんご》）またはパーリ語によってできています。

これらを中国の三蔵法師などがインドから持ち帰って、翻訳家たちが中国語に翻訳しました。それが、朝鮮半島などを経て日本にもたらされたわけです。そのため、日本のお経は中国語で書かれています。それを、漢文訓読という作業によって、日本語に置き換えてお経の意味を読み解いてきました。

ただし、お経として読む時はほとんど直読します。すなわち、中国語で発音するのではなく、上から下へ日本語で音読みしていくわけです。これが読経です。ですから、お経は、文章は中国語ですが、読経そのものは、中国語でもなく、日本語でもなく、いわば国籍不明な言葉になっています。奇妙な事態ですが、これが伝統的に今日まで引き継がれてきました。僧侶たちの鍛えた喉から発せられ、体と心に響いてくる読経は、心にしみるものではありますが、意味は伝わってこない不思議な世界というほかありません。もちろん、中国語の発音で読経する宗派もありますが、その場合も、中国語を知らなければ聞いても意味は伝わってきません。

その不思議な世界が、死者を送る儀式や供養するためのさまざまな儀式にふさわしいものとして、長く受け継がれてきています。

## 阿弥陀仏

序文の文章に戻ります。

「他力の宗旨」(阿弥陀仏の本願他力の教え)という言葉が登場します。仏教用語として解説しておきます。

まず、阿弥陀仏についてです。阿弥陀如来ともいいます。如来とは真実の世界から来たものという意味で、仏のことです。阿弥陀仏は、釈迦が説いたとされる仏教の経典『無量寿経』などに説かれている仏さまのことです。釈迦は実在したのですが、釈迦が説いた経典の中の仏さまは、真実を知らせるために人格的な姿として表した（現れ出た）仏さまです。阿弥陀如来のほか、よく知られているのは薬師如来、大日如来などで、それぞれ別の経典に登場します。経典の中ですが、いわば物語の中の仏さま方です。

『無量寿経』には、阿弥陀仏の誕生の物語が描かれています。

昔、ある国の王様が、世自在王仏という仏さまの説法を聞き、感銘を受けて出家し、法蔵菩薩と名のります。すべての人々を救うことを目指して、気の遠くなるような長い期間にわたって考えに考えて、四十八の願いを立てて仏道修行に励みました。

たとえば、第一の願いは、

設《たと》ひ我仏を得たらむに、国に地獄・餓鬼・畜生有らば、正覚を取らじ。

（自分の国土に地獄・餓鬼・畜生の三悪道があるようならば、私は決して仏にならない）

というものです。自分が支配する国の中に地獄（苦しみのきわまった世界）、餓鬼（つねに飢餓に悩まされる世界）、畜生（鳥獣や虫魚のことで、人に残害され、互いに殺傷しあう苦しみの世界）が存在するなら、私は仏にならない、という誓いを立てて修行に励むわけです。長い長い修行ののち、実際にはもう阿弥陀仏になっているのですから、この誓いはクリアできたということになります。

この第一の願いをはじめ、第十一願の「自分の国土にいる人が悟りの境地に至らなかったなら決して仏にならない」、第十七願の「他のあらゆる仏たちが自分の名を褒めたたえることがなかったなら、私は決して仏にならない」といった、いわば命がけの願を立てて、ついに、四十八願すべてを成し遂げて、法蔵菩薩から仏になって、阿弥陀仏が誕生したという物語です。

すべての人が救われることを目標とした大乗仏教では、このように悟りを開き、同時に人々の救いを目指して懸命に仏道修行をする人を菩薩といいます。菩薩は仏になる一歩手前の人のことです。

阿弥陀は、サンスクリット語を音写した言葉で、その中国語訳で「阿弥陀」と漢字表記にしたものです。つまり、アミターバ（無量光＝はかりしれない光）とアミターユス（無量寿＝はかりしれないいのち）の二つの意味を持った語の「アミタ」の部分を音写して「阿弥陀」と表記したもので、時間的空間的な無限性の中で人々を救う仏という位置づけなのです。ですから、阿・弥・陀というそれぞれの漢字には意味はありません。

浄土仏教では、この阿弥陀仏が本尊です。

## 本願と他力

次に、「本願他力の教え」についてです。四十八願を成し遂げて阿弥陀仏が誕生しましたが、その中の中心が第十八願です。これを本願といいます。それは、

設ひ我仏を得たらむに、十方の衆生、心を至し信楽《しんぎょう》して、我が国に生ぜむと欲して、乃ち十念に至るまでせむ。若し生ぜずは、正覚を取らじ。唯だ五逆と誹謗《ひほう》正法とを除く。

〈私が仏になる時、すべての人々が心から信じて、私の国に生まれたいと願い、わずか十回でも念仏して、もし生まれることができないようなら、私は決して悟りを開きません。ただし、五逆の罪〈父殺し・母殺し・阿羅漢殺し・仏を傷つける・教団の和合の破壊〉を犯したり、仏の教えを謗《そし》ったりするものは除かれます〉

という願です。しかし、この願はすでに成し遂げられていますから、本願は次のように読みなおすことができます。

私が仏になったわけですから、すべての人々が心から信じて、私の国に生まれたいと願い、わずか十回でも念仏すれば、必ず我が浄土に迎え入れます。（以下略）

これが事実上の本願ということになります。親鸞はこの「阿弥陀仏の本願」をよりどころにしたのです。

つまり、第十八願は、どのような人であれ、阿弥陀仏を信じ、その浄土に生まれたいと願い念仏を申せば、必ず浄土に迎え取るという誓いです。浄土への往生を願う者にとっては、実に安心のできるありがたい誓願です。

親鸞はこの本願をよりどころにしているのですが、師である法然から教えられました。念仏とは「南無阿弥陀仏」と称えることです。信心して念仏を申すことによって、浄土に迎えられるというきわめてシンプルな教えです。

ほかの四十七願もすべて、「設《たと》ひ我仏を得たらむに」（私が仏になる時）が冒頭にあって、「これこれこういうこと」の実現ができないようなら、「正覚を取らじ」（私は仏になりません）という願（誓願）が立てられています。この四十八願すべてを本願ともいいますが、法然や親鸞は、誓願の究極の内容を第十八願としていて、特にこれを本願といいます。

本願については以上ですが、「本願他力」の「他力」にはどういう意味があるのでしょうか。ここが、法然・親鸞の教えにとって、きわめて重要なポイントです。最終的には『歎異抄』を読み終えて理解が深まりますが、とりあえず、他力の意味を、「阿弥陀仏の本願力」、つまり、すべての衆生を救おうとする阿弥陀仏のはたらきであると説明しておきます。

他力とは、自分の力でもなく、他人の力でもなく、阿弥陀仏のはたらきをいいます。したがって、「本願」と「他力」は、ほぼ同じことを別の視点から述べているのであって、この四字熟語「本願他力」は「本願≒他力」という構成になっています。

この本願他力は、同じ意味で「他力本願」という言い方もあります。この場合も「他力≒本願」という構成であって、他力とは、他人の力ではなく、阿弥陀仏の本願力という意味なのです。

ところが、「他力本願」は、一般の用語としても使われていて、「もっぱら他人の力にすがって事をなそうとすること」（『明鏡国語辞典』）とあって、いわば「他人まかせ」といった意味で使われます。この意味にすると、「他力＝他の力」という解釈になり、肝心の「本願」（すべての人を救うという願い）が消えてしまいます。ですから、仏教用語とは似ても似つかぬ意味になっているのです。混同しないようにと切に願うところです。

引き続き序文の文章に戻ります。最後の部分です。

「故親鸞聖人の御物語の趣、耳の底に留むる所、聊《いささ》か之を注《しる》す。（以下略）」とあります。

私が直接親鸞聖人から聞いた真実の言葉のうち、心にしみて今も頭の中にありありと残っているものを書きとどめておく、と述べています。それは、同じ道を歩む人たちの迷いや疑問を払いのけるためであると、明確にこの本の目的を定めています。序文にふさわしい見事な一節です。

したがって、序文は、阿弥陀仏の本願を信じ、念仏の道を歩んだ親鸞聖人の真意が正しく伝わっていない現状を嘆いて、親鸞聖人から直接聞いた真実の言葉を書きとどめておき、同行者の迷いや疑問を取り払う指針にしたいと、その目的を表明しているのです。

# 3 すべての人を即座に救う阿弥陀さま（第一条）

【原文】

弥陀*の誓願*不思議に助けられ参らせて、往生*をば遂ぐるなりと信じて念仏申さんと思ひ立つ心の起こるとき、すなはち摂取*不捨の利益にあづけしめ給ふなり。弥陀の本願には、老少・善悪の人を選ばれず、ただ信心を要とすと知るべし。そのゆゑは、罪悪深重・煩悩*熾盛《しじょう》の衆生を助けんがための願にまします。しかれば、本願を信ぜんには、他の善も要にあらず、念仏にまさるべき善なきゆゑに。悪をも恐るべからず、弥陀の本願を妨ぐるほどの悪なきゆゑにと云々。

【語句】

**弥陀**　阿弥陀仏のこと。

**誓願**　阿弥陀仏が法蔵菩薩であった時に立てられた、すべての人々を救いたいという願い。本願。

**往生**　阿弥陀仏の浄土に往き生まれること。

**摂取不捨**　救い取って捨てないこと。

**煩悩熾盛**　心身を悩まし、煩わせ、苦しめる心の作用のことで、欲望、他者への怒りや憎しみが激しいこと。

**【現代語訳】**

親鸞聖人は次のように言われました。私たちには知ることのできない阿弥陀仏のはからいによって、浄土に往生させていただくものだと信じて、念仏を称えようと思い立ったその時、即座に阿弥陀仏のお慈悲に救われ、決して捨てないという利益を受けるのです。阿弥陀仏は、老いも若きも、善人も悪人も、分け隔てなく救い取ってくださるのであって、ただそのはからいを信じる心こそがその要なのです。なぜかというと、本願は、罪深く激しい煩悩にまみれている私たちをもらさず救うために起こされた誓願だからです。したがって、本願を信じるには、念仏以外の善行は必要ではありません。阿弥陀如来からいただいた念仏以上の善行はないからです。どんな悪も怖がることはありません。阿弥陀仏の本願を邪魔する悪などはないからです。

## 誓願不思議

第一条には、親鸞聖人の教えの核心が示されています。そのため、真宗系の学校では暗誦を勧める先生もおられるようです。特に冒頭の一文を四行詩のように書いて、声に出して読んでみると、何とも心地よい響きを味わうことができます。

　弥陀の誓願不思議に助けられ参らせて
　往生をば遂ぐるなりと信じて
　念仏申さんと思ひ立つ心の起こるとき
　すなはち摂取不捨の利益にあづけしめ給ふなり

深く考えなければ、「阿弥陀仏の不思議な誓願（本願）に助けられて、往生できると信じて、念仏を称えようと思い立つ気持ちが起こった時、たちまちのうちにおさめ取って捨てないという利益に恵まれる」という意味がだいたい理解できると思います。

「深く考えなければ」と断ったのは、この文には、「弥陀」「誓願不思議」「往生」「念仏」「摂取不捨」といった真宗の教えにとってきわめて重要な言葉が次々と出てきて、これらの真の意味を理解しておくことが、深い理解に欠かせないからです。

まず冒頭の「弥陀の誓願不思議」についてです。「弥陀の誓願」は阿弥陀仏の本願のことですから、すでに触れたように第十八願のことです。すべての人々を浄土往生に導く願いを持ち、気の遠くなるような長い間修行して、それを成し遂げた仏さまでした。その力(はからい)を不思議と表現しています。

阿弥陀仏の誓願は、念仏を称える人はすべて必ず浄土へ迎え取るというものでした。それを「不思議」だといいます。不思議は文字どおり、思うことも考えることもできないという意味で、誓願は人間の知恵ではとらえられないものだというのです。

この文には主語はありませんが、唯円が親鸞聖人から聞いた言葉としているのですから、親鸞の体験が語られています。念仏を申そうと思い立つ心が起こった時、即座に、阿弥陀仏に包み込まれ決して捨てられることはない利益にあずかる、という親鸞の体験です。

念仏を称えようと「思ふ」ではなく、「思ひ立つ」となっています。どう違うのか。たとえば、結婚したい相手がいて、「明日、プロポーズしようと思う」と「明日、プロポーズしようと思い立つ」を比較するとわかりやすいでしょう。「思い立つ」には、もうゆっくりはしていられない、決断する時がきた、といったなみならぬ決意が込められています。何かに突き動かされ、内から湧いてくる強い力に支えられて念仏を申そうとする、そういう様子をとらえています。

ここに、阿弥陀仏の不思議な誓願力(本願力)によって救いがもたらされ、決して捨てられることがないという教えの要点が示されています。それには、信心と念仏が肝要であるということです。一言でいえば、人は誰でも阿弥陀仏を「信じて」念仏を決意すると、必ず救われるということです。しかも即座にです。

この「信じて」を読みとばしてはなりません。信じるからこそ、念仏を申そうという気持ちが起こるわけで、「信じる」と「念仏を申す」はほぼ一体となっているのです。ですから、念仏を繰り返し申しているうちに信じるようになるのではありません。

阿弥陀仏の立場からいうと、本願を信じる者はすべて救うということです。なぜ阿弥陀仏の立場をわざわざ述べるのかというと、以下、さまざまな場面で、他力や他力念仏という言葉が出てきますが、この「他力」は、阿弥陀仏の力を指すからです。私たちは「救われる」のですが、阿弥陀仏は「救う」のです。つまり「救済仏」なのです。

また、即座に救うというところが大事です。念仏を申して申して、一所懸命に申し続けているうちに、次第に救われていくのではないのです。念仏という行をがんばればいずれは救われるというのではないのです。ただし、繰り返しますが、阿弥陀仏の本願を信じて、という前提を忘れてはなりません。

さて、この不思議という言葉は、現代でも使われます。基本は同じですが、違ったニュアンスがあります。現代語の「不思議なご縁」「不思議な現象」「不思議なことに誰もいない」といった「不思議」は、「理性や常識ではその理由や原因が理解できないこと」（『明鏡国語辞典』）を意味します。

しかし、今は理解できないとしても、いずれは、科学の進歩などによって、理由や原因が解明できるかもしれないという可能性が隠されています。たとえば、自然現象で「雷の音や光」は不思議な現象でしたが、科学の進歩によって解明され、不思議ではなくなっています。このように今は不思議であっても、将来は解明できるかもしれない、そういうニュアンスが含まれています。

しかし、ここでいう「不思議」は阿弥陀仏の誓願を形容しているので、まったく人の知恵では解決不可能な、人知を超えた世界を意味します。「科学技術が進歩しても理性や常識では理解できない」ことなのです。その意味で、この阿弥陀仏をどのように信じるか、あるいは、そもそも阿弥陀仏の物語を受け入れるか、といった信心の根本問題があります。親鸞や唯円はそこを納得した先人であるということができ、後に続く多くの人々によって受け継がれて、今、この私も引き継いでいるのです。

## 念仏と南無

ここまでに、何回か念仏という言葉が出てきました。念仏は、浄土仏教を理解するうえで重要な役割を果たしています。念仏は本来、文字どおり仏を念じること、集中して仏さまを心の中に思い観ることだったのですが、法然の教えでは、「南無阿弥陀仏」と声に出して称えること（称名念仏）をいいます。法然は、念仏を称名念仏に特化させた点で革命的であるといえるでしょう。さまざまな行がある中で、法然はどうして称名念仏だけに絞ったかについて、その著作『選択《せんじゃく》本願念仏集』に書いています。要点は以下のごとくです。

阿弥陀仏が念仏だけを選んだ理由について、「聖意測りがたし」として、阿弥陀仏の真意はわからないが、としながらも、法然なりの解釈を展開します。第一に、阿弥陀仏のあらゆる徳が念仏（名号）の中におさめられていて、それを称えるからであると、名号のすぐれた点を明らかにしています。この「あらゆる」がポイントで、他の行は、部分的な徳しかないというのです。

第二の理由は、念仏は、いつでもどこでも称えやすく、誰にでもできる行だからである、というのです。つまり万人に平等に開かれた行であって、それは、阿弥陀仏の平等の慈悲心に基づくとしているのです。他の行を否定はしないが、貧者・愚者等にとって困難なものがあり、誰にでも開かれた行ではないと、その難点を指摘しています。

こうした念仏に関する基本的な考えは、親鸞が引き継ぎ、さらに発展させていきますが、それについては、後で触れることにします。

さて、阿弥陀仏は本尊ですから、称えるのは当然として、その前の「南無」とはどういう意味なのでしょうか。

これは、サンスクリット語でナマスを、中国語に翻訳する時に、音を漢字にあてはめたものです。それが「南無」なのです。ですから、「南」も「無」も漢字の意味はありません。ナマス（尊敬する）という意味です。合わせて中国語では「帰命」（お任せする）の意味にも解されています。その結果、「南無」は、「（敬意をもって）よりどころにする・お任せする」といった意味になるのです。

ですから、「ナムアミダブツ」と単に呪文のように称えて何かをお願いするものではありません。「阿弥陀さま、すべてをお任せしますから、私の苦しみを取り除いてください。私の幸せをかなえてください」というのではないのです。ここが非常に大切なところで、今の日本人の感覚とはかなり違うのではないでしょうか。

お願いするのではないとしたら、いったいどういう意味なのでしょうか。後で詳しく説明しますが、とりあえず「おかげさまで」とか「ありがとうございます」といった意味に解釈しておきます。

## 摂取不捨

「摂取不捨の利益」という言葉が出てきました。「浄土への往生のため、おさめ取って離さないという阿弥陀仏の慈悲」を意味します。親鸞はこの「摂取不捨」という言葉を著作や手紙の中でよく使っています。親鸞を理解する一つのキーワードです。これは、もともとは、浄土三部経の一つの『観無量寿経』に、阿弥陀仏の「光明」の説明として使われている言葉で、「遍《あまね》く十方世界の念仏の衆生を照らし、摂取して捨てず」とあります。原文（漢文）では「摂取不捨」（摂取して捨てず）となっています。阿弥陀仏の光明が念仏の衆生をすべて照らし、おさめ取って捨てないという意味です。

なぜキーワードなのかについて簡単に触れておきます。

親鸞の主著に『教行信証』（正式には『顕浄土真実教行証文類』という）があります。これは、浄土真宗の根幹をなす教えを説いているもので、

（1）真実の教え

（2）真実の行（修行）

（3）真実の信（信心）

（4）真実の証（悟り）

を述べたものです。

全体の構成は、総序、教巻、行巻、信巻、証巻、真仏土巻、化身土巻からなっています。まず『教行信証』の「総序」に、

誠なるかな、摂取不捨の真言、超世希有《ちょうせけう》の正法、聞思して遅慮すること莫《な》かれ。

（阿弥陀仏の本願は何とまことであることか。おさめ取って捨てないという真実の言葉であり、世に超えてたぐいまれな正しい法であり、この本願のいわれを聞いて、疑ってためらってはならない）

とあります。親鸞は、「誠なるかな」と真実に打たれた気持ちを率直に述べ、その感情のうちに、「摂取不捨の真言」と高らかに表明しています。総序（全体の序文）にこのように宣言することは、親鸞がいかに「摂取不捨」への思いを強く持っていたかを示しています。

また、「行巻」に、

斯《こ》の行信に帰命すれば摂取して捨てたまはず。故に阿弥陀仏と名づけたてまつると。

（この行と信をいただくと、おさめ取ってお捨てにならない。だから、阿弥陀仏と申し上げるのである）

とあって、摂取不捨のゆえに「阿弥陀仏」と名づける、というのです。阿弥陀仏の本質は「摂取不捨」であるという定義をしていることになります。そのため、阿弥陀仏は「摂取不捨仏」とネーミングすることもできます。

ところで、摂取不捨とはそもそもどういう意味なのでしょうか。

親鸞は、『浄土和讃』にも「（前略）摂取して捨てざれば　阿弥陀となづけたてまつる」と詠んでいますが、「摂取して捨てざれば」に親鸞みずから注釈をしていて、「たとえ逃げていったとしても、追いかけてしっかりつかまえて、永く捨てることをしない」という意味なのだとしています。

摂取不捨には、このように、単に見守っていておさめ取るというのではなく、見つけたら追いかけてでも離さないという積極的行動的な意味があります。

また、別の著書の『唯信鈔文意』では、阿弥陀仏の光の中に抱きおさめられるという意味の解説をしています。ちょうど、「母親が子をその胸（懐）の中にしっかりと抱きとめて離さない」イメージを表現しています。これが「摂取不捨」の意味なのです。

## 平等なはからい

第一条は、続いて「弥陀の本願には、老少・善悪の人を選ばれず、ただ信心を要とすと知るべし」とあります。阿弥陀仏の本願は、老いも若きも、善人も悪人も、誰であろうとまったく区別しないというのです。

すでに第十八願（本願）を読んだように、「すべての念仏者を救う」わけですから当然といえば当然です。ただ、阿弥陀仏にお任せする信心があればいいわけです。これが浄土仏教の大きな特徴です。一般的な仏道では、信心一つでは救われません。さまざまな修行を乗り越えてこそ救われるのです。同じ仏教といっても、この点が大きく違います。

信心一つで救われるのはなぜか。重い罪と深い悪をかかえた者、煩悩が内に燃えさかっている者、そういう衆生を助けようと（救おうと）する願いだからなのだというのです。だから人によって区別することはないと。

最後の段落では、阿弥陀仏を信じ、お任せすることができれば、念仏に勝る善もないし、それを妨げる悪もないから、悪を恐れることもないと、阿弥陀仏を信じること、念仏することの大切さを明解に言い切っています。言い換えれば、阿弥陀仏の救済には、念仏以外のどのような善行も必要でなく、どのような悪も恐れることはないということです。

この罪深く煩悩まみれの私を救うという意味は、「罪悪深重・煩悩熾盛《しじょう》」の私をそのまま助けるのであって、煩悩が消滅するわけではないことに留意すべきです。信心し念仏すると、立派な人間になるというわけではありません。煩悩を持った、そのままの自分が救われるという意味なのです。私たちは、どこまでいっても、煩悩を断ち切ることはできません。少なくとも、この私に限っていえば、最後まで自分中心に考える自分に気づきます。その煩悩を持ったまま、そっくりそのまま救ってくださるというのですから、何も心配はいらないのです。安心して身を任せられるのです。

## 正定聚

ところで、仏教では、善行を積み修行を重ねて、次第に人間の持つ煩悩を脱して悟りの境地に達するというのが、一般的な仏道の世界でした。法然や親鸞の考えは、念仏はしますが、阿弥陀仏のはからいによって浄土に導かれるのであって、修行らしい修行はほとんどしないことに気づきます。これが前に述べた「易行の浄土門」たるゆえんです。

しかし、死んでから浄土往生を果たすとなると、生きているうちには何もないことになります。それでいいのかという疑問が浮かびます。

親鸞はどのように考えたのでしょうか。この『歎異抄』にはそこまで書かれていませんので、親鸞の著書からみてみます。先ほどの『唯信鈔文意』に、

摂取して捨て給はざれば、すなはち正定聚《しょうじょうじゅ》の位に定まるなり。

（阿弥陀仏が私たちを摂取してお捨てにならないのですから、正定聚の位に定まるのである）

とあります。「正定聚」という見なれない言葉が出てきます。これは、字義どおりに言い直せば「正《まさ》しく定まった仲間」です。ですから「正定聚」以下の意味は、「浄土に往生することが正しく定まり、必ず悟りを開いて仏になる仲間として決定している」となります。

つまり、本願によって摂取不捨されると、必ず仏になることが約束されるということです。死後ではなく、生きているうちに約束されるということです。

浄土に往生して初めて悟りの世界に生きるということではあるのですが、生きているうちに、その道が決定づけられているということになるのです。これがすなわち「救われる」ということなのです。このように、生きているうちに、安心できる境地に達することができる道を開いたのが、親鸞思想の大きな特徴の一つです。

# 4

# 極楽か地獄かは私の知るところではない（第二条）

**【原文】**

おのおの十余ケ国の境を越えて、身命を顧みずして尋ね来たらしめ給ふ御志、ひとへに往生極楽の道を問ひ聞かんがためなり。しかるに、念仏よりほかに往生の道をも存知し、また*法文等をも知りたるらんと、心にくく思《おぼ》しめしておはしまして侍《はんべ》らんは大きなる誤りなり。もししからば、*南都北嶺にもゆゆしき学生たち多く座《おわ》せられて候ふなれば、かの人にも会ひ奉りて、往生の要よくよく聞かるべきなり。

親鸞におきては、ただ念仏して弥陀に助けられ参らすべしと、*よき人の仰せをかぶりて信ずるほかに別の子細なきなり。念仏は、まことに浄土に生るる種にてや侍らん、また、地獄に落つべき*業にてや侍るらん、総じてもて存知せざるなり。

たとひ*法然聖人にすかされ参らせて、念仏して地獄に落ちたりとも、さらに後悔すべからず候ふ。そのゆゑは、自余の行も励みて仏になるべかりける身が、念仏を申して地獄にも落ちて候はばこそ、すかされ奉りてといふ後悔も候はめ。いづれの行も及びがたき身なれば、とても地獄は一定*すみかぞかし。

弥陀の本願まことにおはしまさば、釈尊の説教虚言なるべからず。仏説まことにおはしまさば、善導の御釈虚言し給ふべからず。善導の御釈まことならば、法然の仰せそらごとならんや。法然の仰せまことならば、親鸞が申すむね、またもて空しかるべからず候ふか。詮ずるところ、愚身の信心におきてはかくのごとし。このうへは、念仏を取りて信じ奉らんとも、また捨てんとも、面々の御はからひなりと云々。

**【語句】**

**法文**　教えとそれを説いた経典や注釈書。

**南都北嶺**　奈良の興福寺等の寺（南都）と比叡山の延暦寺（北嶺）。

**よき人**　法然のこと。

**業**　行為。身・口・意による行い。

**法然聖人**　親鸞の師で、源空と呼ぶ。念仏の一門を広めた。浄土宗の開祖。

**一定**　確実に。決定的な。

【現代語訳】

皆さんが、関東から十数カ国の国境を越えて、命がけでここ京都まで尋ねて来られたそのお気持ちは、ただもう浄土への往生の道筋を聞きたいということですね。しかし、それは、念仏以外に浄土往生の道を承知していて、その経典の言葉を知っているのだろうと、この私に期待して強く求めておられるように思われるが、たいへんな心得違いです。もし、そういうことなら、奈良や比叡山にすぐれた学問僧が多くおられるので、そのような方々に会われて浄土往生の道をしっかり聞かれるとよいのです。

この親鸞においては、念仏一つで阿弥陀仏に救っていただこうと、恩師法然聖人のお言葉をいただいて信じるほかに特別のわけはありません。念仏は、ほんとうに浄土に往生する因であるのか、それとも地獄に落ちる行いなのか、まったく私にはわかりません。たとえ法然聖人にだまされて念仏して地獄に落ちたとしても、まったく後悔するはずがありません。なぜかというと、ほかの行を懸命に積んで仏になれていたはずの身が、念仏したために地獄に落ちたというのなら、だまされたという後悔は起こるでしょう。しかし、どのような行もまっとうできない私ですから、間違いなく地獄に行くことになるからです。

阿弥陀仏の本願が真実ならば、それを説いてくださった釈尊の経典は嘘《うそ》であるはずがありません。釈尊の教えが真実であるならば、その教えを忠実に解釈された善導大師の教えも嘘であるはずはありません。善導大師のご解釈が真実ならば、その教えに準拠して説かれた法然聖人のお言葉も嘘となるはずはありません。法然聖人のお言葉が真実ならば、その教えに従っているだけの親鸞が申しあげることもまた嘘ではないはずです。

結局のところ、私のような浅知恵の者の信心は以上のようなことなのです。こう考えてみると、念仏の道を信じていこうとも、また捨てようとも、皆さんそれぞれの判断次第なのです、と言われたのです。

## 命がけの東国の信者たち

親鸞は六十歳を過ぎてから、東国（北関東）から京都に帰ってきました。この条の特徴は、東国からはるばる命がけで京都にやってきた門弟たちのただならぬ気配が感じられる点です。冒頭の文には、その様子が手にとるように描写されています。と同時に、念仏の道に真っ直ぐ進む親鸞の回答が異彩を放っています。

門弟たちは、東国から十余カ国を通って、命がけではるばると京都にやってきました。今なら三時間ほどで来ることができますが、当時は、おそらく一カ月ほどはかかっていると思われます。また、おいはぎや山賊だけでなく、衣食住の確保や病気等への対策など、まさに命をかけてやってきています。

ここには門弟たちの生の声が書かれていません。しかし、親鸞が「往生極楽の道を問ひ聞かんがため」にやってきたのだ、と念を押しているとおり、往生極楽の道を親鸞に教えてもらうためなのです。真実の道筋を問いただざずにはいられないという切羽詰まった空気が漂っています。親鸞の真意をこの目で、この耳でしかと確かめたいという覚悟を持ってやってきたともいえます。親鸞が偉大な、頼りになる師であったことがわかる場面でもあります。理論的実践的なリーダーだったわけです。

親鸞の対応は、門弟たちのただならぬ気配にびくともせず、実にシンプルに、確固たる信心を披露します。一見、そっけない返事です。

私、親鸞が、念仏よりほかの往生の道やそれに関する経典の言葉等をも知っていると思うのは、たいへんな心得違いだと、まず、問いそのものを全否定します。そして、たたみかけるように、もし念仏以外の道を求めるなら、すぐれた学僧が数多くおられるから、そちらに行って、往生の道を聞くがいいと突き放したように言います。

この時の親鸞の気持ちはどのようなものだったのでしょうか。

命がけでやってきた門弟たちは、親鸞が心の深いところに、念仏一筋ではない、何か秘めた真実の思いを持っているのではないかと思っていて、それをぜひ聞きたい、そういう気配を親鸞が感じているのです。

しかし親鸞は、「親鸞におきては、ただ念仏して弥陀に助けられ参らすべしと、よき人の仰せをかぶりて信ずるほかに別の子細なきなり」と言い放ちます。

この「親鸞におきては」という表現は、誰がどのように思おうとも、親鸞は一貫してこう思ってきた、という強い意思表示の表れです。それは、ただひたすら念仏によって阿弥陀仏に救われると、法然聖人のお言葉を受けて信じるほか何もないという表明です。

「よき人」とは仏教でいう「善知識」のことで、よい指導者（師）を意味します。その師である法然聖人の言葉を信じるほかに何もないというのです。そういう意味で、善知識という存在が、仏道を生きるうえでいかに重要であるかを示している言葉でもあります。善知識を見つけよ、と言っているとも読めます。

さらに、念仏によって極楽浄土に往くのか、はたまた地獄に落ちるのかは、私の知らないことなのだとも付け加えます。「極楽往生こそ」といった思いに傾斜すると、真実の道を踏みはずすおそれがあるという親鸞の心配りを感じるところです。

そして、その理由として、「たとひ法然聖人にすかされ参らせて、念仏して地獄に落ちたりとも、さらに後悔すべからず候ふ」と、聞く者にとっては何と反応していいかわからない回答が返ってきます。「極楽往生」ただ一筋に念仏を申してきたのに、地獄に落ちたとしても、まったく後悔するはずがないんだと言われたわけですから。

驚いて目を丸くする東国の門弟たちの顔が見えるようです。注意すべきは、「さらに後悔せず」ではなく、「さらに後悔すべからず」なんですね。「べから」は「べし」の活用形で、ここでは「当然」の意味を表しています。「さらに」（一向に、まったく）が加わって、「まったく当然のことながら後悔しない」「まったくもって後悔するはずがない」といった、強い気持ちのこもった表現なのです。

なぜこんなことが言えるのでしょうか。

その理由について語ります。ほかの行を懸命に積んで仏になっていたはずの身が、念仏したために地獄に落ちたというのなら、だまされたという後悔は起こるでしょう。しかし、「いづれの行も及びがたき身」（どのような修行もまっとうできない私）ですから、間違いなく地獄に行くことになるからです、と救いようのない自身を率直に語ります。

「地獄は一定すみか」とは、「ゆく先が地獄に定まっていること」を意味します。どんなに自力の行を励んだところで、結局まっとうできない自分を強く意識している親鸞をみることができます。九歳から二十年間比叡山で修行した体験に裏打ちされた信念ともいえます。

それにしても、東国の門弟たちは、命がけで極楽行きの道筋を求めてはるばる来たのに、「私は地獄行きが決まっている身だ」と親鸞に言われて、おそらく一瞬、身も心も固まってしまったのではないでしょうか。衝撃的な一言です。

## よき人の仰せ

親鸞はさらに、「弥陀の本願まことにおはしまさば、釈尊の説教虚言なるべからず」と続けます。弥陀の本願が真実ならば、釈尊の教えも真実で、これが真実ならば、善導の解釈が真実で、そうであるなら、法然の言葉も真実となって、それならば、親鸞の言うことも間違ってはいないだろうと、連綿と続く浄土仏教の流れを論理的に説いていきます。理路整然とした親鸞の一面をみることができます。

そして、「詮ずるところ、愚身の信心におきてはかくのごとし」と、我が信心の総括を簡潔に述べるのです。これがすべてです、と。これ以外にありません、と。最初の話に戻れば、私には、皆さんが期待する信心の道、念仏以外の秘策があるわけではありませんと結論づけるのです。

最後には、念仏の道を信じていこうとも、また捨てようとも、皆さんそれぞれの判断次第ですと、突き放したような言い方をしています。私、親鸞がどうのこうのと言う筋合いではないというわけですね。しかし、悲しい胸の内を表現しているとも解釈できます。

かつて、東国で親鸞から教えを受けた念仏者たちの間に、混乱や動揺が起きたことにはそれなりの理由があり、いろいろ指摘がされています。それはともかくとして、親鸞にとってはやるせない気持ちであったはずです。膝を交えてあれほど語りあったではないか、信心の要を確かめあったではないか、という思いです。私の信心はあの時も今も少しも違っていない、どうしてそれがわからないのかというじれったい思いがにじみ出ています。

また、こうしたものの言い方には、次のような親鸞の思いが込められているのではないかと思うのです。

## 親鸞の思い

一つには、東国にいた時代に、あれだけ語りあった面々が、いとも簡単に信心をぐらつかさせてしまうことへのはがゆさと哀しみ、同時にいとおしさもあったのではないでしょうか。そのため、再び膝を交えて懇切丁寧に語りあい、納得して東国に帰っていっても、また、何かの拍子に、自信がなくなってしまい、再再度京都に、ということの繰り返しを想像したに違いありません。八十歳を過ぎていたと思われる親鸞にとって、後がないという思いも想像されます。

そういう思いが、この冷淡にも皮肉にも聞こえる「私、親鸞にではなく、優秀な学僧に聞くがよい」「念仏を取るか捨てるかは面々のはからいだ」と言い放つことになったのです。ここに、念仏しかないという親鸞のゆるぎない立場がきちんと表明されている点を見逃すことができません。

同時に、この親鸞をスーパースターかカリスマにしたてあげている面々のあり方への批判があるのではないでしょうか。命がけで親鸞を目指してくる、これ自体への批判です。これは「心にくく思《おぼ》しめして」という表現に表れています。「心にくし」は「相手に教養があり、すぐれていると感じられたときに抱く羨望の気持ち」(『全訳読解古語辞典』)を意味する言葉で、ここに、門弟たちが、自分を絶対化していることに気づく親鸞の姿がありま す。しかし、親鸞は、「私を絶対化するな、さっさと東国へ帰れ」とは言わずに、「心にくく」と表現するだけなのです。親鸞の懐深いやさしさの表れではないかと考えることもできます。

念仏の教えは、釈尊、善導、法然と受け継がれてきた真実の教えであって、それを私が受けているだけの話なのです。だから、私、親鸞をよりどころにしてはなりません。善導や法然が偉大な仏者だからという理由で尊敬したのではないと言いたいのです。皆さんも、私を信じるなら、念仏一つで救われるという阿弥陀仏を信じてほしいという切なる願いの表明なのです。

また、そもそも弥陀の本願は、「私が信じる」ものではなく、阿弥陀仏のはたらきなのです。東国の門弟たちの、念仏のほかに何かあるのではないかとの疑念は、阿弥陀仏のはたらきを疑っていることになります。念仏を申して阿弥陀仏にお任せする身であって、地獄だろうとどこだろうと、私のあずかり知らぬことなのである、という意味にも解することができます。他力の極意を示しているともいえます。

さらに、凡夫たる自己への戒めを述べているとも読み取れます。門弟たちに正面きって「凡夫への自覚を忘れたか」とは言わずに、親鸞自身の凡夫性をそれとなく表現しているのです。まず、念仏以外どのような行もできない身なのです、愚身なのですと述べていて、東国の皆さんに凡夫たる自身に気づいてほしいとのメッセージがうかがえます。

最後に、念仏の道を、強制ではなく、皆さんの主体性の範囲でぜひ考えてくださいとの願いがあるように思います。それは、「弥陀の本願まことにおはしまさば」「仏説まことにおはしまさば」「善導の御釈まことならば」「法然の仰せまことならば」とあって、この論理の展開には、「未然形＋ば」の形（「～ならば」という仮定法）が使われています。

本来なら、これらは、「～おはしませば」「～まことなれば」（已然形＋ば）の形で、「～だから」となるべきところです。つまり、「弥陀の本願がまことだから」「善導の御釈がまことだから」、だから私の信心も真実なのだ、という論理展開になるはずです。少なくとも親鸞はそのようにとらえているはずです。

なぜ、仮定法を使ったのでしょうか。それは、「弥陀の本願が真実だから」と頭ごなしに押しつけるのではなく、「弥陀の本願がもし真実ならば」と、主体的に考える余裕を残した表現にしたのではないでしょうか。それをどのようにとらえるかは東国の皆さん次第ですよ、というわけです。あまりにも親鸞を頼りすぎている門弟たちが気がかりなのです。だからこそ、念仏の道に進むか否かは「面々の御はからひなり」と結んで、自立を促しているのです。

# 5
# 煩悩まみれを自覚した悪人こそ救われる（第三条）

**【原文】**

善人*なほもて往生を遂ぐ。いはんや悪人*をや。

しかるを、世の人つねにいはく、悪人なほ往生す。いかにいはんや善人をや。この条、一旦そのいはれあるに似たれども、本願*他力の意趣に背けり。そのゆゑは、自力作善の人は、ひとへに他力を頼む心欠けたるあひだ、弥陀の本願にあらず。

しかれども、自力の心を翻して他力を頼み奉れば、真実報土*の往生を遂ぐるなり。煩悩具足の我らは、いづれの行にても生死*を離るることあるべからざるを、哀れみ給ひて願を起こし給ふ本意、悪人成仏のためなれば、他力を頼み奉る悪人、もとも往生の正因なり。

よて、善人だにこそ往生すれ、まして悪人はと、仰せ候ひき。

**【語句】**

**善人**　自分の力で善行を積むなど修行して浄土に往生しようとする人。

**悪人**　自分の力で善行を積むなどの修行はできないと思っている人。
**本願他力の意趣**　阿弥陀仏の本願の（すべてのものを必ず救うという）心。
**真実報土**　真実の浄土。
**生死を離るる**　迷いの世界から抜け出る。

**【現代語訳】**

善人でさえ往生を遂げることができる。まして悪人はいうまでもない。

しかし、世間でつねに言っているのは、「悪人さえ往生できる、まして善人はいうまでもない」であります。この考えは一応もっともなようですが、阿弥陀仏の本願他力の教えからみると、間違っています。その理由は、善人というのは、みずからの力で善行を積んで往生をしようとしていて、一筋に本願にお任せする気持ちがないために、阿弥陀仏の本願から外れているからです。

けれども、そういう人もみずからの善行を頼りとする自力の気持ちを改めて、本願他力にすべてをお任せすると、阿弥陀仏のはからいによって、必ず真実の浄土に往生することができます。私たちは、煩悩をあますところなく持っていますから、どのような行を積んでも、煩悩を断ち切り、迷いの世界から抜け出ることはできません。阿弥陀仏は、そういう私たちに心をかけて、本願を立てられたのであって、その願のほんとうの目的は、煩悩まみれの悪人を成仏させることですから、本願他力にすべてをお任せする悪人こそが往生できるのです。

ですから、善人でも往生できる、まして悪人はなおさら往生できる、と言われたのです。

## 善人とは、悪人とは

この条の「善人なほもて往生を遂ぐ。いはんや悪人をや」は、親鸞や浄土真宗に興味関心があるなしにかかわらず、よく知られているフレーズです。

悪人でさえ往生できるのだから、まして善人はいうまでもない、というのが常識なはずです。つまり、善人は浄土へ往くが、悪人は地獄へ落ちると考えるのが普通ですから、この真逆の表現は衝撃的です。そのため広く知れ渡ったと思われます。

しかし、このフレーズのほんとうの意味が伝わっているかどうかは疑問です。ここでいう善人、悪人は倫理的な意味ではなく、宗教的な意味だからです。すなわち、「善人は浄土へ、悪人は地獄へ」という発想が間違っているというのは、あくまでも「本願他力の意趣」（阿弥陀仏の、すべてを救うという心）に反しているからであると続きます。ですから、善人、悪人は一般にいう意味ではないことに気づかねばなりません。

善人とは、すぐ後に「自力作善の人」とも言っているように、みずから善行を積んで悟りを開くことができると考えている人のことなのです。つまり、阿弥陀仏の本願を頼む必要のない人、自分の力で浄土に往生できると考えている人たちです。

一方、悪人とは、「煩悩具足の我ら」であって、どのような行を積んでも、煩悩を断ち切り、迷いの世界から抜け出ることはできないと自覚している人のことです。つまり、煩悩まみれである自分に気づいている人、自分の力で善行を積むことができないと自覚している人たちをいいます。阿弥陀仏はそういう悪人こそ救う対象としているのでした。

ただ、自力修行の人を単に切り捨てるのではなく、それまでの自力の態度を変えて、阿弥陀仏の本願を受け入れると、救いを得ることができるとフォローしています。

## 煩悩

ところで、煩悩について、少し触れておきます。これは仏教用語ですが、日常でもかなり使われる言葉です。よく知られているものに、大晦日に煩悩を取り除く意味も込めて撞《つ》く除夜の鐘があります。百八もの多くの煩悩があるという認識も、まあそんなものかと、たいていの人は納得しているように思います。

煩悩とは、怒りや欲望など、迷いをひき起こし、悩み・苦しみの原因となるすべてを総称した言葉です。中でも貪欲《とんよく》（飽きることのない欲望）・瞋恚《しんに》（怒ること）・愚痴（おろかさ・真理に暗いこと）を貪瞋痴の三毒といって、根源的な煩悩としています。

貪欲はここでは「とんよく」と読んでいますが、「どんよく」のことです。欲望が深く、むさぼってやまない心です。この「むさぼってやまない」という点がポイントです。生きるために食欲は必要ですが、よりおいしいものを、より健康によいものを、より高級なものをと、「むさぼってやまない」わけです。

もちろん、こうした欲望の「むさぼり」を可能な限り抑えている人もあるかと思います。しかし、欲が深かろうが浅かろうが、欲望から抜け出すことはなかなかできません。

瞋恚は、いずれも常用漢字外なのでなじみがないですが、どちらも「怒り」を意味します。怒りは、たいてい他者との関係で発生します。自分の判断こそ正しいと思い込むことが怒りの発生源の一つです。知らず知らずのうちに、私こそが正しいと思ってしまうんですね。しかも自分の都合によって価値判断をしてしまいますからやっかいです。

愚痴は、「上司の愚痴を言う」場合の愚痴ではありません。愚も痴も意味は「おろかさ」です。何も知らないというよりは、正しく判断できない、真理に暗いといった意味です。

これらに共通しているのは、今風にいうと、「自己中」です。何事も自己中心にとらえてしまう心根です。集合写真をもらった時に、他の人はともかく、まず自分の顔を見て、目をつむっていないか、横見をせず普通に写っているかどうかを確かめ、ほっと安心する、あの心境です。ほとんど無意識にすることですが、「自分さえよければ……」につながる行為といえるでしょう。

こうした煩悩について、初期の仏教では、人の苦しみはみな煩悩によって生じるとされ、この煩悩を消滅させることで解脱する（悟りを開く）ことができるとされました。しかし、すべての人が救済されることを目標とした大乗仏教の時代には、迷いの世界から切り離されたところに真理の世界を求めるのではなく、迷いの世界のただ中で衆生（人々）とともにはたらき続けるところに真実の世界を見出そうとする考えが生まれます。

また、浄土教の発展によって煩悩のとらえ方にも大きな転換が起こりました。真宗では自分自身を煩悩具足の凡夫とし、煩悩にとらわれ、自分の力ではのがれるすべもないまま罪を犯し続ける人間であると深く認識します。そして、自力を頼む心を捨てて阿弥陀仏の救済を信じることができた時、煩悩はそのままにして悟りの世界に導かれるとするようになったのです。煩悩を消滅させること自体に無理があるとの認識に立っているのです。

## 悪人正機

このように、まずは悪人こそ救われるとする考えを悪人正機といいますが、親鸞にはこの言葉はありません。悪人正機とは、「悪人こそが阿弥陀仏の救いの、ほんとうのめあて（対象）である」という意味です。

「正機」の「機」の意味は、「機根」（仏の教えを受けて実践する能力・資質）のように、そういう能力のある者を意味します。一般には衆生と同じような意味で、仏さまの救いを受ける対象を意味します。

ところで、「善人なほもて往生を遂ぐ。いはんや悪人をや」の語句は親鸞のオリジナルではありません。オリジナルでないだけでなく、親鸞の著書の中には、明確に記述された箇所はありません。

法然につかえた源智（一一八三〜一二三八）が書いた『醍醐本法然上人伝記』に、法然の言葉として出てきます。「善人尚以て往生す、況《いわ》んや悪人をやの事」という部分です。法然のこの言葉を親鸞は知らないはずはありません。似た言葉を親鸞の著作でみると、『教行信証』の「化身土巻」に、「凡夫」に対して「すなはちこれ悪人往生の機たることを彰《あらわ》すなり」とあり、悪人が往生の機（対象）であることを述べています。考え方は同じで、法然から引き継いだものといえるでしょう。

第三条は、さらに、悪人たる私たちに差しのべられた阿弥陀仏の本願について語っていきます。

「煩悩具足」とは「煩悩をあますところなく持っている」を意味します。親鸞には煩悩まみれの身という自覚が根底にあって、しかも、それを自分の力で取り除くすべがないと見極めています。

次は、うっかり読みとばしてしまいますが、「煩悩具足の者」ではなく、「煩悩具足の我ら」とあって、親鸞自身のことを述べていることがわかります。「我ら」は「私たち」「私」の両方の意味がありますが、どちらにしても、親鸞が含まれています。煩悩まみれの身を強く自覚している表現でもあります。指導的な立場にあると、つい上から目線で言いがちになりますが、親鸞のそうではない立ち位置を示している表現です。

このように、煩悩に満ち満ちた私たちはどのような行もできず、悟りを開くことができません。その私たちのための誓願ですから、まさに悪人成仏のためなのです、と解説が続いていきます。すでに述べたように、悪人正機の結果、悪人成仏となるわけです。こうして、本願他力を頼みとする悪人が浄土往生のほんとうの因となるのです。

## 親鸞の立ち位置

「我ら」のように、仏道を語る時に、親鸞は、一般論としてではなく、自分の問題に引き寄せて語ります。別の著作にも、たとえば、『一念多念文意』の中に次のように書かれています。

「凡夫」といふは、無明煩悩我らが身に満ち満ちて、欲も多く、怒り、腹立ち、そねみ、妬む心多くひまなくして、臨終の一念に至るまで、とどまらず、消えず、絶えずと、〈以下略〉

（「凡夫」とは、迷いの根源ともいうべき煩悩が私たちの身に満ち満ちており、欲望も多く、怒りや腹立ち、うらみ、ねたむ気持ちが次々と起こって、死ぬ瞬間まで止まることなく消えることなく絶えることがないと、〈以下略〉）

「一般に人間というものは」ではなく、「無明煩悩」が「我ら」に満ち満ちていると親鸞みずからの自覚を前提として述べています。

また、『唯信鈔文意』にも、次のように述べています。

漁師・あき人、さまざまの者は皆、石・瓦・つぶてのごとくなる我らなり。

（漁師・商人などさまざまな者とは、みな石や瓦・小石のような私たち自身のことである）

場面説明をします。生き物を殺して生計を立てている漁師や、人との競争で生きていく商人などは、たとえてみれば、それらは金ではなく、石や瓦・小石のようなものである。しかし、阿弥陀仏の本願を信じると、そういう者であっても疑うことなく救われるという話の中の一部です。

親鸞は明らかに漁師や商人ではないのに、「石・瓦・つぶてのごとくなる我らなり」と言って、みずからを入れ込んでいます。

以上のように、仏道あるいは信仰について語る時、つねに親鸞自身の問題としてとらえ、どのような立場にあるかを明らかにしていることがうかがえます。信仰を語る時のきわめて大切な態度を示唆しています。

# 6

# 人間の慈悲には限界がある（第四条）

**【原文】**

慈悲に*聖道・*浄土のかはり目あり。

聖道の慈悲といふは、ものを哀れみ、悲しみ、育むなり。しかれども、思ふがごとく助け遂ぐること、きはめてありがたし。浄土の慈悲といふは、念仏して急ぎ仏になりて、*大慈大悲心をもて、思ふがごとく衆生を利益するをいふべきなり。今生に、いかにいとほし不便と思ふとも、存知のごとく助けがたければ、この慈悲*始終なし。

しかれば、念仏申すのみぞ、*末通りたる大慈悲心にて候ふべきと云々。

**【語句】**

**聖道**　聖道門。自分の力で修行してこの世で悟りを得る教え。

**浄土**　浄土門。阿弥陀仏の本願力によって浄土往生をし、悟りを得る教え。

**大慈大悲心**　仏の広大無辺な慈悲心。

**始終なし**　終始一貫しない。
**末通りたる**　終始一貫した。

**【現代語訳】**

慈悲には、聖道門と浄土門によって、違いがあります。

聖道門の慈悲というのは、衆生に哀れみをかけ、いとおしく思いを寄せ、包み込むように大事にすることです。しかし、思いどおりに救い果たすことはきわめて難しいものです。浄土門の慈悲というのは、念仏して浄土に往生して速やかに仏となって、大いなる慈悲の心で、思いのままに衆生を救うことをいうのです。この世では、どんなにいとおしく、気の毒だと思いやっても、思いどおりに救うことはできませんから、聖道門の慈悲では、最後まで完結することはありません。

ですから、念仏だけが、最後まで徹底した、大いなる慈悲の心である、と言われたのです。

**愛と慈悲**
私たちが生きていくうえで、愛は非常に大切なものです。親子の愛、夫婦愛、そして恋愛など、なくてはならないものです。これらは、純粋であればあるほど、そのきずなは強いものとなりますが、相手のために百パーセントの愛をそそぐことはなかなかできません。これが人の世の悲しい物語です。また、どんなに愛しても別れなければならない悲しみ、苦しみを味わうことになるのです。

そのため、仏教では、愛は苦悩をもたらすもの、自己愛や異性への愛など、愛欲であって、煩悩そのものというとらえ方をします。日常的な愛には、自分のための愛、自己愛が含まれるというのです。その人を好きになって結婚したいと思うのは、明らかに自分の幸せも願っています。

親鸞自身は、愛に関する言葉として、煩悩にからんだ意味では、『教行信証』「信巻」に、有名なフレーズがあります。

悲しきかな愚禿鸞《ぐとく》、愛欲の広海に沈没し、名利の太山に迷惑して、〈以下略〉

〈悲しいことに、親鸞は、愛欲に苦しむ迷いの世界に、また、名誉と財産欲に目がくらむ世界に身を置いて、〈以下略〉〉

この「愛欲」は「欲深いこと」を意味します。また、別の箇所では「愛心」（むさぼりの心）という語も使っています。

一方で、「喜愛（心）」（阿弥陀仏の存在を喜び愛《め》でる心）、「重愛」（諸仏の慈愛）といった、煩悩がらみではない意味の言葉としても使っています。現代語でも、前者にあたるものとして、愛着・偏愛・渇愛があり、後者のそれには、博愛・慈愛などがあります。したがって、「愛」は必ずしも煩悩に結びつくだけではなく、部分的には煩悩を離れた清らかな愛をも意味するということができます。

一方、慈悲は「衆生をいつくしみ、楽を与え、あわれんで苦を抜く」意味で、抜苦与楽といいます。仏や菩薩が生命あるものすべてに平等に苦しみを取り除き、安楽を与えることです。哀れみをかけ、いとおしく思い、包み込むようにいつくしむことです。

## 聖道門と浄土門

その慈悲について、聖道門と浄土門によって違いがあるというのが、第四条のテーマとなっています。聖道門と浄土門はすでに述べたとおり、悟りを得るのに、みずからの力によって修行し達成する聖道門と、阿弥陀仏にお任せして念仏によってかなうとする浄土門でした。

この二者によって慈悲が違うというのです。まず聖道門について、「思ふがごとく助け遂ぐること、きはめてありがたし」と述べています。「ありがたし」は「有り難し」で「めったにない様子」を意味します。ですから、強い否定を意味しています。その理由はすぐ後に出ています。

それは、「この慈悲始終なし」とあって、一言でいえば、この俗世に生きている限り、慈悲の心で衆生（人々）を救うのは無理であるということです。生身の人間として生きている限り、煩悩から抜けきれない自分を思う時、また、自己中心にならざるをえない自分を省みる時、苦しんでいる人に、すべてを投げ出して、慈悲を完璧にやりきるのは、どう考えても無理だというわけです。

それに対して、浄土門については、「大慈大悲心をもて、思ふがごとく衆生を利益するをいふべきなり」と述べています。大慈大悲の心で、思いのままに人々を救うことができるというわけです。

ですから、念仏の道だけが、最後まで徹底した慈悲心をまっとうすることができるのである、と結論づけています。

しかし、それは浄土に往生した後の、菩薩となって娑婆に還《かえ》ってきてから発揮できる慈悲ですから、そう簡単になるほどというわけにはいきません。この点については、後ほど詳しく触れたいと思います。

## 親鸞の慈悲

親鸞が強く影響を受けた中国の僧、曇鸞（四七六〜五四二）は、慈悲について『往生論註』の中で、慈悲には、大中小があり、大は仏さまの慈悲、小は衆生（私たち）の慈悲、中はその中間の慈悲だと述べています。

これに関連して、親鸞は『正像末和讃』に、自身を次のように描いています。

小慈小悲もなき身にて　有情利益は思ふまじ　如来の願船いまさずは　苦海をいかでかわたるべき

（ほんの少しの慈悲も持っていないこの身で、あらゆるものを救うことなど思うはずがない。阿弥陀仏の本願力がないならば、苦しみに満ちた迷いの世界をどのように抜け出すことができようか。できるわけがない）

親鸞は、普通人々が持っているという小慈小悲も持ちあわせていないというのです。したがって、人々を救うなど考えられない身であると。だからこそ、阿弥陀仏の本願に救われなければ、この迷いの世界を脱することはできないのです、と悲痛な叫びを詠んでいます。

和讃の内容はここまでですが、その先に、次のような物語が展開されます。つまり、小慈小悲もない身が、阿弥陀仏の本願力によって、いったん浄土に往生し、仏となったあかつきには、菩薩となり、大悲（如来の持つ真実の慈悲）を得て、人々を救うことになるのです。これが、この第四条でいう、浄土門の慈悲というわけです。

しかし、だから浄土門の慈悲が正しくて聖道門の慈悲が間違っているというのではありません。生きている限り、私たちは、身内や他人に対して何らかの慈悲をするものです。子や親のために働き、介護し、といった活動はもちろん、東に地震被害があれば何かの支援をしようと考え、西に洪水被害があれば助けようとする。こうした愛情や善意は人間の自然な心の動きとして輝かしいものということができます。したがって聖道門の慈悲はそれとして否定するものではありません。

しかし、です。それは、どうしても限界があるということを浄土門の慈悲を語ることで明らかにしているというわけです。徹頭徹尾、他人のためにできるかというと、なかなかそうはいかないものです。

## 往相回向と還相回向

浄土門の慈悲こそ完璧なものだということでした。ただし、生きている間ではなく、浄土に往生して速やかに仏となって、人々を救うというのですね。浄土に往生してからどうやって救うのか、不思議な説明になっています。どう解釈したらいいのか、親鸞の言葉から考えてみたいと思います。

親鸞の主著『教行信証』には、教義の根幹が述べられています。その「教巻」の冒頭に、

謹しんで浄土真宗を案ずるに二種の回向有り。一つには往相、二つには還相《げんそう》なり。

〈つつしんで浄土教の真実の教えを考えてみると、阿弥陀仏から二種類の相〈すがた〉になるよう振り向けられるのである。一つは、浄土に往生し仏になるという相〈すがた〉であり、今一つは、そこから迷いの世界〈娑婆世界〉に還って衆生〈人々〉を救う相〈すがた〉である〉

とあり、また、同じく「証巻」に、

還相の回向と言ふは、則ち是《こ》れ利他教化地の益なり。則ち是れ必至《ひっし》補《ふ》処《しょ》の願より出でたり。

〈還相の回向というのは、阿弥陀仏の本願力によって、自由自在に衆生を教え導くというはたらきをいただくことである。これは、必至補処の願〈第二十二願〉から出てきたものである〉

とあって、親鸞は還相の回向を説明しています。

つまり、浄土に往生した後、たちまち仏になって大慈悲をいただき、菩薩となって娑婆世界に還ってきて、人々を救うというのです。この考えは、第二十二願が元になっているというのです。

第二十二願とは、浄土に往生したさまざまな段階の菩薩たちが最高位の菩薩となって、

多くの人々に慈悲をほどこすことができる、もしそれができないなら、私は仏にはならないという誓願です。親鸞はこの菩薩を「還相の菩薩」と位置づけて、すべての徳をそなえて、娑婆世界に還ってきて、限りない慈悲行を実践することができると解釈しています。親鸞独特の解釈です。

しかし、近代科学と合理主義のもとに育った私たちには、なかなか合点のいかないところです。私自身もすべてを理解しているわけではありません。現在の私の到達点を述べてみます。

親鸞が二十九歳で比叡山を下り、縁あって法然の弟子となり、以来、六年間、直接に教えを受けます。その後、二人は別々のところに流罪となってしまいます。そして、ついに再会を果たさず、親鸞が四十歳の時に法然が亡くなります。親鸞は、法然の死後も、師と仰ぎ続けました。親鸞には、師の法然が、まさに還相の菩薩として身にしみて感じることができたのではないかと想像します。だからこそ、浄土に往生し、成仏して、娑婆に還ってきて、衆生を救済するという、往相回向、還相回向のとらえ方が、何の疑いもなくできたのです。

そう考えると、成仏して再び娑婆に還ってくるというのは、見方を変えると、生きている自分が、先人の誰かによって（つまり還相の菩薩によって）救われるということなのではないかと思うのです。親鸞にとっては、法然がその一人だったと思うのです。

私にとって身近な人として、祖母をあげることができます。明治十（一八七七）年生まれで、毎朝、お仏飯を供えて、何やらブツブツ言って、最後は「ナンマンダー」を繰り返していました。信仰の話は何もしなかったのですが、九十四歳で逝くまで、変わらぬ姿勢で、農業に励んだ人生でした。山や田畑を大事にし、自然の恵みにいつも感謝して、いわば自然とともに生きた人という感じの祖母です。

この祖母の生き方は、私の心に深く残っています。小学生のころ、一緒に山に仕事で出かけた時、蜂やマムシとの間合いを注意したり、秋には、松茸の出る場所を教えてくれたりして、山の隅々をよく知っていました。今にして思うと、祖母は自然と一体になっていたのでしょう。還相の菩薩とまではいいませんが、時々現れ、私の道しるべとなってくれます。祖母自身は娑婆に還って救おうとしてはいなくても、です。

満井秀城氏は、『いまこそ読みたい 歎異抄』の中で、還相の菩薩の一つの理解として、次のような事例を紹介しています（取意）。

一歳にもならない赤ちゃんが亡くなった場合、実に悲しいことではあるが、これが縁となって、仏さまに手を合わせる身になれたと振りかえることができた時、その子は私にとって還相の菩薩だったかもしれないと思えるのではないか。

そもそも還相の回向といった仏教的なとらえ方でなくても、亡くなった肉親等が死後すぐに無になるかというと、そうではありません。岸見一郎氏は、『今ここを生きる勇気』で次のように述べています。

やがて人が病気になり、意識を失って死んでしまう。では、人は死んだ時、人ではなくなるのかというとそうではない。生者にとって死者は、生前と変わることなく、生き続ける。人は死んでも、人の心の中に生き続ける。

人の命は、それぞれ個別のものではありますが、家族や親しい友人など、深く心の交流のあった人との死別は、心が張り裂けるほどに哀しみをともなうものです。場合によっては、長い間死を受け入れられない状態が続きます。そういう意味では、死は個別でありながらどこか共有しているものでもあります。

このように、還相の回向というのは、自分が往生して成仏し、再び娑婆に還ってきて人々を救うというのではなく、先に逝った人たちの中に、還相の菩薩のようなものを実感することではないかと思うのです。そういう関係が、親から子へ、孫へ、あるいは、縁ある人から縁ある人へと受け継がれていくものなのです。

# 7

# 父母の供養のための念仏はしない（第五条）

**【原文】**

親鸞は父母の*孝養《きょうよう》のためとて、一返にても念仏申したること、いまだ候はず。そのゆゑは、一切の*有情は皆もて*世々生々の父母・兄弟なり。いづれもいづれも、この*順次生に仏になりて助け候ふべきなり。我が力にて励む善にても候はばこそ、念仏を回向して父母をも助け候はめ。

ただ自力を捨てて急ぎ悟りを開きなば、*六道*四生のあひだ、いづれの*業苦にしづめりとも、*神通《じんずう》方便をもて、まづ有縁を度すべきなりと云々。

**【語句】**

**孝養**　親孝行の意味だが、ここは追善供養（死者の冥福を祈って法要などをすること）。

**有情**　命あるもの。

**世々生々**　何度となく生まれ変わる間。

**順次生**　順に生まれ変わっていく生。
**六道**　衆生がそれぞれの行為によって生死を繰り返すという六つの世界（地獄・餓鬼・畜生・修羅・人・天）。
**四生**　迷いの世界を生まれ方によって分類したもので、胎生、卵生、湿生（湿気の中から湧き出る）、化生（忽然《こつぜん》として生まれる）の四種。
**業苦**　悪い行いの報いとして受ける苦しみ。
**神通方便**　自由自在の不思議なはたらき・能力。

**【現代語訳】**

私、親鸞は、亡くなった父母の追善供養のためとして、念仏を申したことは一度もありません。なぜかというと、すべての命あるものは、生まれ変わり死に変わりしてきた、その中のどこかで父母となり、きょうだいとなっていたからです。それぞれが浄土に往生して仏となって、すべてのものを救うということになるのです。

念仏が、自分の力で励む善行であるならば、念仏の功徳を振り向けて亡き父母の追善供養をすることもできるでしょうが、そうではありません。ただ、自力によって善行を積むことができないと気づき、その心を捨てて速やかに浄土往生を遂げ、悟りを開いたならば、六道や四生の迷いの世界で、どのような苦しみの中にいても、自由自在な不可思議な力によって、まずは縁ある人を救うことができるのです、と言われたのです。

## 追善供養の手段としない

仏壇を前に念仏を称える、お墓の前で念仏を称える、あるいは、念仏以外の何か短いお経を称える、こうした場面は、多くの方が経験しているでしょう。それぞれどういう気持ちで称えているかはわかりませんが、普通は、亡くなった人があの世で苦しまないように、安らかな日々でありますようにと、追善供養のために称えているのではないでしょうか。

追善供養は、一般に、お彼岸参りや年忌法要といった形で行います。生前、じゅうぶんな善行（功徳）を積まなかったために、遺族が善行を積んでその冥福を祈ります。お盆の法要も一種の追善供養で、施餓鬼といって、亡き人が餓鬼道で苦しんでいるのを、お経やお寺参り等、追善によって救うという行事の性格を強く持っています。

しかし、親鸞は、亡くなった父母の追善供養のためとして念仏を申したことは一度もないというんですね。どうして？と言いたくなります。多くの日本人は、念仏は死者の追善供養のためだと思っているからです。あるいは何かをお願いする呪文だと思っているからです。

理由を二つ明らかにしています。その第一は、すべての命あるものは、生まれ変わり死に変わりしてきた、その中のどこかで父母となり、きょうだいとなっているからなのだというのです。言い換えれば、すべての命あるものは遠い昔から何らかのつながりを持って生きてきて、生かされている存在であるというのです。因や縁によってつながっているという仏教の基本的な考え方です。

確かに、現代の科学的合理主義からいっても、自分の命は、単に父母だけではなく、父母にはそれぞれの父母がいたからこその命であるわけです。遡《さかのぼ》っていけば、ホモサピエンスの誕生に行きつく、あるいはさらにその先につながっていく「いのち」です。ですから今、同じ時代に生きている者同士も、必ずどこかでつながっていることになるわけです。

中村桂子氏の『老いを愛づる』によると、地球上のすべての生きもの（動植物からバクテリアまで）は細胞でできていて、必ずそこにDNAという共通点があることが証明されているという。つまり、地球上にいる数千万種といわれる生きものは、祖先は同じだというのです。象さんもゴキブリさんも私たちも同じ祖先を持つことになるのです。

理屈はわかるが、だからといって父母の供養をしないというのは、それはまた別の問題ではないかと思うのが普通の反応ではないでしょうか。

ただ、よく読んでみると、「父母の孝養《きょうよう》のためとて」と書かれています。ことさらに父母の追善供養のために念仏を申したことがないというのです。あるいは、父母の追善供養の道具として、手段として念仏を使ったことはないとも読めます。つまり、念仏することによって、亡き父母が安らかに成仏するなどということはありえないと考えているのです。念仏とはそういうものではないと、きっぱりと明言しているわけです。

現在でも、念仏等の供養をすることで、先祖を弔うことはごくあたりまえの感覚です。当時であれば、一層、そうした思い入れがあったと想像されますから、この親鸞の言葉は、きわめて過激なものだったと言わねばなりません。

理由の第二は次のように続きます。

我が力にて励む善にても候はばこそ、念仏を回向して父母をも助け候はめ。

自力で善行を積むことができ、そして、その念仏によって功徳を亡き父母に振り向けることができるのなら、父母のために追善供養もできるが、そんなことはまったくできないのだ、というんですね。ここは、「～こそ、～め」という強調構文（強い否定）になっています。というのは、自力で供養することができるのならするけれども、そんなことができるわけがないからしないのである、いや、そもそも念仏とはそういうものではないというのです。強調構文が効いています。

これは、私たちが普通に、なんとなく思い描いている仏教観を根底から否定するものです。親の供養のために念仏を称えることは、自分の力によって親の供養ができることを前提としています。親鸞は、「仏道において、自分の力によって何かができる」ことを徹底して否定しました。

法然の教えを受けて、念仏によって救われる道を選んだ親鸞は、自力ではなく、あくまでも他力の念仏でした。阿弥陀仏から回向された（振り向けられた）念仏でした。ですから、念仏は私の行ではないのです。阿弥陀仏のはたらきによっていただいた念仏、阿弥陀仏から振り向けられた念仏なのです。親鸞はこのようにとらえているわけです。だからこそ、念仏を称えて功徳を積んでいくといった自力の念仏ではないというのです。この他力念仏こそ、法然、そして親鸞の一大特徴です。

ここでは、親鸞は、追善供養についてどうすべきかを語っているのではありません。あくまでも、念仏を追善供養の道具にしないとしているのです。では法要などは何もしていないのかというと、そうではありません。法然の命日である二十五日には、毎月法要を営んでいます。

それについては、親鸞の手紙が残っていて、門弟の一人である性信房あてに書いた手紙の中に、「聖人の二十五日の御念仏も、（中略）念仏しあはせ給ふべく候ふ」（法然聖人の命日である二十五日の法要で、〈中略〉皆で一緒に念仏してください）と書かれています。これによって、毎月二十五日に法然聖人の命日の法要をしていることがうかがえます。

確かに念仏を称えますが、冥福を祈る念仏ではありません。追善供養ではないことがはっきりしています。この手紙は、念仏について誤った考えにとらわれている人々の幸せを願い、救いの手を差しのべるべく、その人たちを救ってくださる阿弥陀仏の本願のご恩に報いるために念仏を申しましょう、という内容なのです。法然聖人の追善などはまったく問題になっていません。

だからこそ、ただ自力を捨てて阿弥陀仏の他力にお任せするしかないのだと続くのです。そして、浄土に往生して悟りを開いたならば、まずは縁ある人を救うことができるのですと締めくくっています。

第四条で読んだ還相《げんそう》の菩薩の物語がここにも展開されています。死んだらおしまいではなく、浄土に往生するとすぐに仏になり、再び娑婆に還《かえ》って人々を救う、まずは縁ある人を救う、というのです。

## 輪廻転生と生きる意味

ところで、「六道四生」（六道四生の迷いの世界）という仏教用語が出てきました。六道とは、六つの迷いの世界（地獄・餓鬼・畜生・修羅・人・天）をいい、四生とは、生き物の四つの生まれ方（胎生・卵生・湿生・化生）をいいます。

地獄とは、永遠の苦しみ、最悪で極苦の世界、餓鬼とは、つねに飢えと渇きに苦しみ、あくなき欲望の世界、畜生とは、互いに殺傷しあう憎しみの世界をいいます。また、修羅とは絶えざる争いの世界、人とは欲望にけがれた世界、天とは一人よがりの喜びの世界のことをいいます。この天は、キリスト教でいう天国とは違って、あくまでも娑婆世界を指しています。

胎生は、哺乳動物など母親の胎内から生まれるもので、卵生は、魚類・鳥類など卵から生まれるもの、湿生は、湿潤なじめじめしたところから生まれる虫など、化生は、何もないところから忽然と生まれるもののことです。

以上から、六道四生とは、生きとし生けるものがそれぞれの業（心身の行い）によって生死を繰り返し、さまよい歩く（輪廻転生《りんねてんしょう》する）六つの迷いの世界をいいます。輪廻転生は聞いたことのある言葉だと思います。六道輪廻、生死流転ともいいます。車輪が回転するように迷いの世界をはてしなくさまよい、六道の中で生死を繰り返すことです。

したがって、往生とは「（別の世界に）往き生まれる」ことですから、「死んで終わり」というのではありません。生まれ変わり死に変わりする中で、人間に生まれた時、その輪廻から脱して悟りの世界に入ることを往生というのです。ですから、人間に生まれてきた私たちは、仏道に出会ってその輪廻から脱する、願ってもないチャンスなのです。人間に生まれてきた理由は、ここにあるということもできます。人間として生きる意味は、生まれた時から定まっているのです。

つまり、生きる意味とは何かを考える時、仏に出会って、迷いの世界から脱することだと見定めることに思い至るのです。煩悩が満ち満ちている自身に気づいて、念仏によって救われる道が開かれていることに納得する、そういう生き方が見えてくるのです。

人の一生を一回限りとするのが、今の世の考え方です。確かに、科学的合理主義の立場では、人生は一度限りです。しかし、仏教は、過去世や未来世を説きます。その方が、人生の意味を深く広く考えることができます。私の命は、父母だけによって与えられたものではなく、父母の父母へと遡っていけば、現代の私たちでも、「一切の有情は皆もて世々生々の父母・兄弟なり」が胸に落ちてきます。前世を無視するわけにはいきません。同時に、来世を意識することで、私たちの人生に深みが出てくるというものです。

# 8 師と仰ぐ人はいるが弟子は一人も持っていない（第六条）

**【原文】**

*専修《せんじゅ》念仏のともがらの、我が弟子、人の弟子といふ相論の候ふらんこと、もてのほかの子細なり。

親鸞は弟子一人も持たず候ふ。そのゆゑは、我がはからひにて人に念仏を申させ候はばこそ、弟子にても候はめ。弥陀の御もよほしにあづかて念仏申し候ふ人を、我が弟子と申すこと、きはめたる荒涼のことなり。

つくべき縁あればともなひ、離るべき縁あれば離るることのあるをも、師を背きて人につれて念仏すれば、往生すべからざるものなりなんどいふこと、不可説なり。如来より賜はりたる信心を、我がもの顔に取り返さんと申すにや。かへすがへすもあるべからざることなり。

*自然《じねん》の*理《ことわり》にあひかなはば、仏恩をも知り、また師の恩をも知るべきなりと云々。

【語句】

**専修念仏**　浄土往生を目指してただひたすら阿弥陀仏の名を称えることで、これ以外の行は何もしないこと。

**自然**　現代の自然の意味ではなく、人の力を超えておのずからそうあらしめられること。ここでは、阿弥陀仏の本願によっておのずからそのようにあらしめられること。

**理**　道理。

【現代語訳】

本願他力を信じて念仏一筋に生きている仲間内で、自分の弟子とか他人の弟子とかといった言い争いがあるということですが、とんでもない話です。

この親鸞は、一人の弟子も持っておりません。なぜかというと、私の力でその人を念仏の道に導いたのであれば、私の弟子といってもいいでしょう。しかし、阿弥陀仏のお力で念仏の道に入った人を、自分の弟子というのはまったく見当違いというしかないからです。つく縁があるからつくのであり、離れる縁があるから離れるのに、「師に背いて他の師について念仏するから往生できないのだ」などと言うのは筋が通りません。阿弥陀仏からいただいた信心を自分が与えたもののように勘違いして、取り返そうとでもいうのでしょうか。決してそんなことはあってはならないことです。

本願他力の道筋に従っていくならば、阿弥陀仏のご恩がわかり、師の恩も知ることができるのですと言われたのです。

## 弟子一人も持たず

「親鸞は弟子一人も持たず候ふ」という言葉も、実に強烈な印象です。親鸞には数多くの弟子がいたことは明らかであり、今も親鸞を慕っている人々が多数いるわけですから、「一人も弟子は持っていない」とはいったいどういうわけなのでしょうか。

話題は、「専修《せんじゅ》念仏のともがらの、我が弟子、人の弟子といふ相論の候ふらんこと、もてのほかの子細なり」から始まります。専修念仏とは、字義どおりには、専ら念仏を修する、ということで、浄土往生を目指して南無阿弥陀仏という名号を称えることを専らにし、他の行は一切しないことをいいます。他の行とは、たとえば、読経や礼拝のことです。

そのように念仏ただ一つで救われるという教えを、親鸞が東国で語りあい、広めてきた仲間たちの間で、自分の弟子、他人の弟子といって激しく言い争っているようだが、とんでもない話だと強く批判しています。そして、心にぐさっとくる、「親鸞は弟子一人も持たず候ふ」と決め言葉が続きます。

「我は」ではなく「親鸞は」ということで、他の誰でもなく、この私、親鸞は、という強い思いが伝わってきます。ですから、「弟子は一人も持っていない」というよりも、「断じて弟子は持っていない」もしくは「弟子などというものは持った覚えがない」といった意味に近いのではないかと思います。

なぜか。「我がはからひにて人に念仏を申させ候はばこそ、弟子にても候はめ」と言うんですね。つまり、私の力で、その人を念仏の道に導いたのであれば、私の弟子と言ってもいいでしょう。ここにも、第五条で解説したのと同様の強調構文「～こそ、～め」によって強い否定をしています。私が導いたなどというのは、とんでもないことです、といったニュアンスです。私の力ではなく、阿弥陀仏のお力で念仏の道に入った人なのだというのです。ですから、自分の弟子というのはまったく見当違いと言うしかないと、きっぱり否定しているわけです。

### 仏のもとの平等

しかし、親鸞は、師と弟子の関係を否定しているのではありません。自身は、つねに法然の弟子としての立場を保ち続けています。

第六条は、師の立場としての親鸞からの発言です。しかし、「唯円よ、おまえは私の弟子だ」といった立場に立っていない、私の所有物としての弟子という意識がない、私は師匠だと思って皆さんに接したことはないという意味です。

弟子たちが師である親鸞をどのように思っているかは別問題であり、ここではまったく触れられてはいません。が、阿弥陀仏の力によって念仏の道に入った身という自覚からは、すべての念仏者は、阿弥陀仏のもとに、師弟に関係なく、平等な位置にあることを示唆しています。この平等という観点も親鸞思想の大きな特徴で、法然から受け継いでいます。

このことは、「後序」に書かれています。そこで詳しく触れますが、要点はこうです。親鸞が、自分の信心と法然の信心は同じだと主張したのに対して、法然門下の兄弟子たちは、それは違うと反論した。が、法然は、阿弥陀仏からいただいた信心だから、二人の信心は同じである、と諭したエピソードが紹介されています。

親鸞は法然を最後まで師と仰いでいましたが、念仏の道を歩むという信心の世界は、師と同じであると確信していたことがわかります。平等に開かれているということです。

しかし、誰かに導いてもらったという師弟関係の中では、ごく普通に、師には導いてやったという思いがあり、弟子には導いていただいたという気持ちがあります。だからこそ、自分の弟子、他人の弟子という争いが起こるというわけです。自分の力で弟子を育てたという、まさに他力とは正反対の自力の念仏、自力の信心の道を実践していることになってしまいます。

ついつい、自己中心に陥ってしまうのが凡人の悲しさでもあるわけです。そういう意味で、親鸞の教えを今に伝える真宗教団で、同朋・同行という言葉が重要な意味を持っています。同じ仲間、同門の友という意味で、師弟関係や上下関係を超えたところに成り立つ念仏の道を示しています。

## 縁によるつながり

別の言い方をすれば、そもそも師弟関係は、「つくべき縁あればともなひ、離るべき縁あれば離るる」ものであって、師となり弟子となるのは、あくまでも縁があって初めて成り立つのだという認識なのです。であるのに、師に背いて他の師について念仏するから往生できないのだなどというのは筋が通らない話です。師が弟子の往生を左右することなどありえないことなのに、まったくわかっていないと批判しているのです。

そして、信心とはどういう性質のものかと論が展開されていきます。その核心は「如来より賜はりたる信心」です。阿弥陀仏からいただいた信心を、まるで自分の力で獲得したもののように勘違いして、他の師に行ってしまったため、その信心を取り返そうというのかと、皮肉も込めて批判しています。

ここにも、他力に徹する親鸞の姿が見えます。信心は、確かに自分が信じることではあるが、あくまでも阿弥陀仏の回向（振り向けられるはたらき）によって得たものという認識です。この「如来からいただいた信心」という認識は、他力の要でもあります。

縁という言葉が出てきました。師と弟子は何かの縁によって結びつくという話でした。仏教では、何事についても、直接の原因を「因」といい、間接の原因を「縁」といって、二つを合わせて因縁といいます。この因縁によって、一切のものが成り立っていると説いていて、仏教では縁起といいます。仏教の根本原理です。「縁起が悪い」という場合の縁起ではありません。

たとえば、昭和二十五（一九五〇）年ごろ、千葉県の遺跡から、約二千年前のハスの種が発見された事例で考えてみます。大賀一郎氏によって栽培され、見事な花を咲かせました。有名な大賀ハスといわれているものです。ハスの種は昔からあったが、それを見つけ、栽培したことによって、生長し花が咲きました。この過程では、種が直接の原因（因）で、見つけて栽培したことが縁となって、花を咲かせたというわけです。すべてのものごとは、因と縁によって成り立っていると考えるのです。

ただし、それは固定的な関係ではなく、種ができているという結果からいえば、直接の因は花ということになり、咲くための諸条件（光や水その他）が縁ということになります。すべてのものが因となり、縁となってつながりあっているのです。実に複雑にからみあっています。このようなあり方を縁起といいます。

続いて、「自然《じねん》の理《ことわり》にあひかなはば、仏恩をも知り、また師の恩をも知るべきなり」と結んでいます。「自然の理」は、一般に「自然の道理（道筋）」という意味に解釈します。これで正解ですが、「自然」をどうとらえるかで意味が変わってきます。

「自然」は、一般には「自《おの》ずから然《しか》り」と読んで、人為を超えておのずからそうなっていることを意味します。しかし、親鸞は「自ずから然らしむ」と読んで（使役の意味に解して）、他の力のはたらきかけととらえます。いうまでもなく、阿弥陀仏の本願力、つまり人間のはからいを超えた阿弥陀仏の救いを意味する言葉としているのです。親鸞独特の解釈です。ですから、結びの部分は、本願他力の道筋に従って信心を獲得していくならば、阿弥陀仏のご恩がわかり、師の恩も知ることができるという意味になるのです。

# 9 念仏の道は安心安全に開かれている（第七条）

**【原文】**

念仏者は*無碍《むげ》の一道なり。

そのいはれいかんとならば、信心の行者には、*天神・*地祇《ちぎ》も敬伏《きょうぶく》し、*魔界・*外道も*障碍《しょうげ》することなし。罪悪も*業報を感ずることあたはず、諸善も及ぶことなきゆゑなりと云々。

**【語句】**

**無碍**　妨げがなく自由自在であること。

**天神**　天上界にいる帝釈天などの神々。

**地祇**　地上や地下にいる地の神や水の神。

**魔界**　魔の世界。そこに住む悪魔で仏法を妨げ人の命をおびやかすもの。

**外道**　本来は仏教以外の宗教のこと。ここでは悟りの道を妨害する思想や信仰のこと。

**障碍**　さえぎり、妨げること。
**業報**　行為による結果。行為が善であれば楽を、悪であれば苦をもたらす。

**【現代語訳】**
念仏者は、何者にも妨げられない道を一途に進むものです。それはなぜかというと、真実信心の行者には、天地の神々も畏れ敬い、悪魔や外道も妨害することができないからです。同時に、罪深い身に対する報いも感じることなく、さまざまな善行を積んでも影響を及ぼさないからです、と言われました。

### 無碍の一道

冒頭の「念仏者は無碍《むげ》の一道なり」については、間違いではないかとの意見があります。文として形が整っていないという指摘です。なるほど、「念仏者は～一道なり」という形は、主語と述語がねじれています。「念仏は～一道なり」あるいは「念仏者は～一道をいくものなり」とすれば、形は整います。これについては、単なる表記ミスとする説や「念仏者」の「者」は「は」と読むのではないかという考えなどが出されています。が、大筋では、解釈に決定的な違いが生じないので、「念仏者は、何者にも妨げられない道を一途に進むものです」という意味に解しました。

「無碍」の「碍」は、「妨げる・気がかり」という意味ですから、無碍は、気にすることは何もなく、妨げられないという意味になります。念仏によって救いを求める生き方には、何者にも妨げられない自由自在な一筋の道が開けているというのです。念仏の道を行く者にとっては、「無碍の一道」という語句が燦然と輝きます。どんな思想や宗教にも邪魔されることなく、安心して突き進んでいける念仏の道を高らかに宣言しているからです。

その理由は何かというと、まず、「信心の行者には、天神・地祇《ちぎ》も敬伏《きょうぶく》し」とあります。「信心の行者」は冒頭の「念仏者」のことで、阿弥陀仏の本願を信じて念仏する人たちです。その人たちを、天の神も地の神も敬ってひれ伏し、仏法を妨げる悪魔も、悟りを邪魔しようとする仏教以外の教えも妨害することはないからというのです。

ここでは「碍」の字が生きています。戦後の当用漢字の制定によって制限されるまでは、障碍《しょうがい》・妨碍《ぼうがい》のように使われていた漢字です。漢字制限によって、現在は障害・妨害と書きますが、「害」には、「そこなう・わざわい」という意味があるため、自治体によっては、公式の文書などで、「障害者」を「障がい者」「障碍者」と表記しているところがあります。

## 神仏習合

「天神・地祇」とは、もともとインド古来の神々のことです。天神は、天上にいるという梵天《ぼんてん》・帝釈天などのことであり、地祇は、地上や地下にいるという八大竜王や閻魔《えんま》法王などのことです。梵天・帝釈天はともに天神の長としての位であり、仏教では仏さまの護り神として位置づけられています。柴又の帝釈天（題経寺）は庶民信仰の寺として有名です。この場合は、護り神としてではなく、単独の神様（独尊）として祀《まつ》られているものです。

どうして、天神・地祇が出てくるのか。当時の人たちは、神々や怨霊の祟《たた》りをおそれ怖がっていたので、そうしたおそれを払いのける必要があったからです。科学的知識のなかった時代ですから、目に見えない、得体の知れない何かが原因であると信じていたに違いありません。

科学が進歩した今もなお、何か不幸なことが続いたりしている時、「先祖の魂が成仏できずに苦しんでいる」とか「きちんと供養しないからその祟りがあなたを苦しめている」などと言われて、よくわからない新興宗教に引き込まれる人が後を絶ちません。そうした迷信に惑わされているのが気になるところです。

まして、当時は一層そうした祟りを信じていたわけですから、それを防御しなければなりませんでした。

そのため、仏教の伝来とともに、日本の神々との共存がはかられて、日本の神々もインドの神々と同じように、仏教の護り神として位置づけられました。仏教の中に日本の神々を取り入れていくことを神仏習合といいますが、二つの考え方があります。

一つは、護法善神という考え方です。神々を仏法を護る善い神ととらえて、たとえば、四天王は、仏法や仏道修行者を護る神々と位置づけるのです。四方を護る神として、東は持国天、南は増長天、西は広目天、北は多聞天がそれぞれ、仏法を邪魔するものから護るとしているのです。これらの四天王は、いずれも帝釈天の配下の神々で、仏教の守護神と位置づけていたわけです。

神仏習合の二つ目は、本地垂迹説《ほんじすいじゃく》です。神々というのは、本来の姿である仏・菩薩が衆生を救うために仮の姿となってこの世に現れたものとする考え方です。たとえば、天照大神は、本来は仏教の大日如来であって、衆生を救うために仮の姿となっているというのです。鎌倉時代は本地垂迹説が全盛でした。

しかし、親鸞は、護法善神説をとっています。神々は、仏法を守護し、念仏者に敬意を持って接していると位置づけているのです。神々そのものを信じるということではないが、仏法あるいは念仏者の守護神として、その存在意義を明らかにしているわけです。このことは、『歎異抄』には書かれてはいませんが、親鸞の『浄土和讃』で知ることができます。

南無阿弥陀仏をとなふれば　梵王・帝釈帰敬《ききょう》す　諸天善神ことごとく　夜昼つねにまもるなり

（南無阿弥陀仏を称えると、梵天・帝釈天も帰依し敬う。その配下の神々もすべて、昼夜を問わず、念仏者をつねに護るのである）

天神・地祇はことごとく　善鬼神と名づけたり　これらの善神みなともに　念仏の人をまもるなり

（天の神々、地の神々はみな、善い鬼神と名づけている。これらの善神はみな、念仏者を護るのである）

### 他力念仏

無碍の一道たる理由は、さらに、「魔界・外道も障碍《しょうげ》することなし」と続きます。魔界とは、見えないけれども、何かの力で人間を不幸にし、破壊し、命を奪うと思われているもののことです。外道とは、仏教以外の思想のことですが、いずれも、念仏の道を妨害することはない、というのです。

次に、念仏の道が開かれているのは、罪深い身に対する報いも感じることなく、さまざまな善行を積んでも影響しないからです、というのです。これほどありがたいことはありません。未来が明るく照らし出されているのですから。何よりも安心安全が保障されています。

多くの宗教は、「善人」になることを求めます。あなたの心や生活の仕方が悪いから不幸になっている、あるいは今後不幸になると言われて、悪い心、悪い生活の改善を求められるのです。実際、生前に善いことをたくさんして、つまり、たくさん功徳を積んで、浄土往生をしたいと願うのが普通ですから、こうした誘いに乗ってしまうのはきわめて自然ではあります。

しかし、阿弥陀仏による救いは、そうしたことは一切心配することはない、悪い心は悪いまま、すべてをお任せしなさいというのです。つまり、功徳を積むために念仏をするのではなく、念仏そのもののはたらきによって救われるというのです。

念仏とは、阿弥陀仏のはたらきそのものであり、それ自体にあらゆる功徳が込められていて、念仏のほかは何も要らないのです。しかも、念仏は何かの手段のためのものではなく、念仏（称名念仏）そのものが仏道ですから、何か別のことをして功徳を積むなどということはありえないのです。

さらにいえば、念仏は自分が称えるのですが、阿弥陀仏からのいただきものなのです。

親鸞は、「南無阿弥陀仏」をどう受け取るかについて、『教行信証』「行巻」に、「南無阿弥陀仏」の「南無」とは「帰命」ということであるとしたうえで、

「帰命」は本願招喚の勅命なり

（「帰命」とは私を招き、喚《よ》び続けておられる阿弥陀仏のお言葉である）

とあります。つまり、「南無阿弥陀仏」と称えるのは私であるが、それは、喚び続けられている阿弥陀仏に呼応して出てくるものなのです。

ところで、悪人は悪人のままでよいとすると、どんな罪を犯してもその報いを受けることはないと開き直ってしまうおそれがあります。これは造悪無碍といって戒められました。どんなに悪いことをしても、阿弥陀仏はすべてを救ってくださるのだから、悪いことをしてもかまわない、という間違った考え方です。

当時、念仏者の中に、この造悪無碍の考えに走った人もいて、大きな問題になりました。煩悩をみずからの力で消し去ることのできない身ではあるが、それを嘆くことなく、阿弥陀仏にお任せするのであって、わざわざ悪事を重ねるのはもってのほかのことです。

## 無碍光如来

「無碍」という言葉を、親鸞は好んで使っています。主著である『教行信証』には全体

の序（総序）があります。その冒頭に次の一節があります。

竊《ひそ》かに以《おも》んみれば、難思の弘誓《ぐぜい》は難度海を度する大船、無碍の光明は無明の闇を破する恵日なり。

（私なりに考えてみると、思いはかることのできない阿弥陀仏の誓願〈本願〉は、渡ることのできない迷いの海を乗せていってくださる大きな船そのものであり、何にも妨げられることのない阿弥陀仏の光明は、煩悩にまみれて出口のわからない闇を開いてくださる輝きである）

ここでは、阿弥陀仏を「無碍の光明」と表現しています。実は、阿弥陀仏のまたの名はいくつかありますが、「無碍光仏（如来）」ともいいます。念仏を称えるとは「南無阿弥陀仏」と称えることですが、これは六字あるので六字名号といいます。「南無無碍光仏（如来）」も六字名号（または七字名号）になります。

が、これについては、七祖の一人、天親が『浄土論』の冒頭に「世尊、我一心に尽十方無碍光如来に帰命す」とあって、阿弥陀仏を「尽十方無碍光如来」としています。「四方八方を尽くして何の障りもない光である仏さま」という意味です。天親は、その仏さまに帰命（お任せ）すると誓っているわけです。親鸞は、天親のこの言葉にひどく心打たれていて、著書や手紙に引用しています。そのため、「帰命尽十方無碍光如来」を十字名号としています。

# 10 念仏は阿弥陀仏の喚び声（第八条）

【原文】

念仏は行者*のために非行・非善なり。我がはからひにて行ずるにあらざれば、非行といふ。我がはからひにて作る善にもあらざれば、非善といふ。ひとへに他力にして自力を離れたるゆゑに、行者のためには非行・非善なりと云々。

【語句】

**行者**　本願を信じ念仏する者。

【現代語訳】

念仏は、称える行者にとって、行をしているのでもなく、善行を積んでいるのでもありません。念仏は、自分のはからいで行っているのではないから、行ではないというのです。また、自分のはからいによって念仏という善行を積んでいるのでもないから、善行ではないのです。念仏は、ただもう阿弥陀仏からいただいた本願他力のお力によるのであって、自力を離れた行だから、行者にとっては、行でもなく、善行でもないのです、と言われました。

## 非行非善

他力はどこまでいっても誤解される側面を持っています。それまでの仏教とは真逆の教えですから、無理もありません。阿弥陀仏を信じ、念仏の道に入っている人にとっても、時に迷ってしまう、そういうものなのです。親鸞自身も、思わず自力の行を試みたことがあるくらいですから。

それは、妻の恵信尼の手紙に書かれていることで、親鸞が東国で布教活動をしている時のことです。飢饉その他のせいで人々の悲惨な生活ぶりをみて、なんとかしたいと、浄土三部経を千回読もうと思って、読み始めたことがあったのです。みずからの読経によって人々の生活苦を救おうとする行為は、まさに自力そのものです。すぐに気づいて中止するのですが、つい自分が善行を積むことで、人々を助けたいと思ったことがわかります。

ですから、普通の私たちが、ついつい自力の方向に行ってしまうのは、無理もありません。そのためかどうかはともかく、他力の教えはさまざまな表現で語られます。ここでは、念仏が他力の行であることを「非行・非善」という言葉で明らかにしています。

それにしても、念仏は、それを称える者にとっては、行をしているのではない、善行を積んでいるのでもないというのですから、理解に苦しみます。自分が実際に「南無阿弥陀仏」と口に出して称えているのですから、それは「行ではない」「善行ではない」と言われると、何が行になるのか、善行とは何かと反発したくなります。念仏は、仏教にとって代表的な行の一つとして取り組まれてきたのですから、それらはいったい、何だったのかと、言いたくなります。

なぜ行ではないのか、善ではないのか。念仏は、自分のはからいで行っているのではないから行ではなく、自分のはからいによって念仏という善行を積んでいるのでもないから善行ではないというわけです。

「はからひ」がキーワードです。もちろん、阿弥陀仏のはからいです。この視点が他力の原点なのです。

阿弥陀仏のはからいによって口から念仏が出てくる、これが他力の念仏です。自分の意思や自分の力ではなく、徹底して、仏のはからい、導きによって、自然に口から出てしまう、そういう念仏なのです。親鸞はそのように考えたのです。

## 阿弥陀仏の喚び声

「南無阿弥陀仏」の「南無」は帰依する（お任せする）意味ですから、この六字名号は、阿弥陀仏にお任せするという意味になります。しかし、親鸞は、この「お任せする」も自分の意思が入るととらえたのか、むしろ、阿弥陀仏が喚《よ》んでいる、すでにスタンバイしていていつでも受け入れる態勢になって招いている、そのように解釈しています。

第七条で述べたように、念仏は、「本願招喚の勅命なり」（私を招き、喚び続けておられる阿弥陀仏の本願の喚び声である）でした。自分が「お任せする」というより、阿弥陀仏が「任せなさい」と、もう以前から喚んでいるのです。そこに、「南無阿弥陀仏」と声に出して称えれば、たちどころに、阿弥陀仏がはたらくという関係なのです。呼応するわけです。ですから、念仏は何かを求めて称えるものではなく、称えること自体が仏のはたらきそのものであるということになります。

以上のことを、念押しして言います。「ひとへに他力にして自力を離れたるゆゑに、行者のためには非行・非善なり」と。念仏は、ただもう阿弥陀仏からいただいた本願他力のお力であって、自力を離れているのだから、行者にとっては、行でもなく、善行でもないのです、となるのです。

# 11

# 煩悩があるからこそ救われる（第九条）

**【原文】**

念仏申し候へども、*踊躍歓喜《ゆやくかんぎ》の心おろそかに候ふこと、また、急ぎ浄土へ参りたき心の候はぬは、いかにと候ふべきことにて候ふやらんと、申し入れて候ひしかば、親鸞もこの不審ありつるに、*唯円房同じ心にてありけり。

よくよく案じみれば、天にをどり地にをどるほどに喜ぶべきことを喜ばぬにて、いよいよ往生は一定と思ひ給ふなり。喜ぶべき心を抑へて喜ばざるは、煩悩の所為なり。しかるに、仏かねて知ろしめして、煩悩具足の凡夫と仰せられたることなれば、他力の悲願はかくのごとし、我らがためなりけりと知られて、いよいよ頼もしく覚ゆるなり。

また、浄土へ急ぎ参りたき心のなくて、いささか*所労のこともあれば、死なんずるやらんと心細く覚ゆることも煩悩の所為なり。

*久遠劫《くおんごう》より今まで流転せる苦悩の旧里は捨てがたく、いまだ生まれざる安養浄土は恋しからず候ふこと、まことによくよく煩悩の興盛《こうじょう》に候ふにこそ。

名残惜しく思へども、娑婆の縁尽きて力なくして終はるときに、かの土へは参るべきなり。急ぎ参りたき心なき者をことに哀れみ給ふなり。これにつけてこそ、いよいよ大悲大願は頼もしく、往生は決定と存じ候へ。踊躍歓喜の心もあり、急ぎ浄土へも参りたく候はんには、煩悩のなきやらんと、あしく候ひなましと云々。

【語句】

**踊躍歓喜**　おどりあがって喜ぶこと。

**唯円房**　この第九条と第十三条に登場する親鸞の弟子。

**所労**　病気。

**久遠劫**　遠い遠い昔。

【現代語訳】

念仏を申しておりましても、心おどるほどの喜びの感情が湧いてこず、また、早く浄土に往生したいとも思わないのは、どういうわけでしょうか、とお尋ねしましたら、親鸞もその点に合点がいかないと思っていたが、唯円、そなたも同じ気持ちだったんだなあ。

よくよく考えてみると、天におどり地におどるほど喜ぶはずのことを喜ばない我が身を思うにつけ、ますます往生は定まっている身だと思うのです。喜ぶはずの気持ちを抑えて喜ばないのは、煩悩のせいなのです。

ところで、阿弥陀仏は、このような私を初めからお見通しのうえで、煩悩まみれの私たち凡夫であると言っておられるので、他力の悲願は、このように、凡夫の私たちのためであったと気づかされて、ますます心強く思われます。

また、急いで浄土に往生したいという気持ちがなく、ちょっと病気にでもなると、死ぬのではないかと心細く思われることも煩悩のせいなのです。はるか遠い昔から現在まで流転してきたこの苦悩に満ちた娑婆世界は捨てがたく、まだ生まれたことのない浄土は、恋い焦がれるところではないと思うことは、実に激しい煩悩の身であるというしかありません。

名残惜しく思っても、娑婆の縁が尽きて、生きる力もなくなって死を迎える時、あの浄土に往生するのがいいのです。急いで浄土に参りたいという気持ちのない者を、特に仏は不憫《ふびん》に思われるのです。こういう風に思うにつけて、弥陀の本願は心強く、往生は確かなものとなるのです。天におどり地におどるほどの喜びに満ちた気持ちがあり、急いで浄土に参りたいと思ったりするのは、煩悩がないのではないかと、不審に思うことでしょう、と言われました。

## 念仏しても喜びが湧かない

舞台には、親鸞と唯円の二人が座っています。雰囲気は明るくありません。しかし、沈んでいるわけでもありません。唯円が問い、親鸞が答えるという静かな場面を想像します。

唯円が尋ねます。

念仏申し候へども、踊躍歓喜《ゆやくかんぎ》の心おろそかに候ふこと、また、急ぎ浄土へ参りたき心の候はぬは、いかにと候ふべきことにて候ふやらん

これは「候文《そうろうぶん》」といって、現在の敬体文（「です・ます」体）と同じです。このように「候ふ」が立て続けに出てくると意味がつかみにくくなるものです。これらを除いてしまうと、

念仏申せども、踊躍歓喜の心おろそかなること、また、急ぎ浄土へ参りたき心のなきは、いかなるべきことにてあらんや

となって、少しは読みやすくなります。

唯円の問いは二つあることがわかります。一つは「念仏を申してもおどりあがるような喜びが湧いてこないのはどうしてか」で、もう一つは「早く浄土に往生したい気持ちがな

いのはどうしてか」です。

阿弥陀仏を信じ、念仏一つで浄土往生ができると信じている身であるにもかかわらず、何の喜びも湧いてこないのはどうしてか。これでいいのか、真の念仏者といえるのか、と悩んでいる唯円の姿が想像できます。いわば根本的な疑問に突きあたっているともいえます。ですから、「そんな気持ちでどうするんだ」と一喝されそうな質問だったと思います。勇気ある質問です。

しかし、親鸞の答えは、まずこうです。

親鸞もこの不審ありつるに、唯円房同じ心にてありけり。

（親鸞もその点に合点がいかないと思っていたが、唯円、そなたも同じ気持ちだったんだなぁ）

唯円にとっては意外な言葉が返ってきました。師の親鸞に限って、こんな悩みを持っていたなど想像もできなかったのではないでしょうか。だからこそ、唯円は、この場面を生き生きと再現しているのです。

「同じ心にてありけり」の「けり」は単なる過去の助動詞ではなく、「ある事実に初めて気づいた驚きやあらたな認識を得たということを、詠嘆を込めて判断する意を表す」（『全訳読解古語辞典』）助動詞なのです。私、親鸞もそのことで悩んできたが、唯円よ、おまえもか、と親しくやさしい表情で語りかけている姿が目に浮かぶ場面です。唯円が思い切って打ち明けたことで、親鸞が唯円の悩みに気づいた、その瞬間の驚きと共感、それが「けり」です。

その驚きと共感の後、「よくよく案じみれば」と切り出しますが、おそらく、この間、しばらく沈黙があったと想像されます。親鸞は我が身を振り返って、そのころ悩み考え、結論を導き出した場面を思い出したに違いありません。さすがに唯円の一歩先を歩んでいます。次のように答えるのです。

天にをどり地にをどるほどに喜ぶべきことを喜ばぬにて、いよいよ往生は一定と思ひ給ふなり。喜ぶべき心を抑へて喜ばざるは、煩悩の所為なり。

ますます往生は確実になっている身だと思うのです、と結論づけて、その理由は、煩悩のせいだというわけです。だからこそ、いっそう、往生は確かなものだというのです。ですが、ストンと胸に落ちるというわけにはいきません。ここにも他力の視点が隠されているからです。

「煩悩の所為」という語句には深い意味があることに気づかねばなりません。煩悩具足の私たちは、一所懸命に念仏しても、また、真底から阿弥陀仏を信じてみても、煩悩は消えることがない、どこまでいっても自己中心の自分から離れることができず、念仏によって何かが解決されるわけではないのです。

そういう人々をこそ、阿弥陀仏は胸を開いて待っている、というわけです。ですから、念仏して喜びが湧いてこないからこそ、往生は間違いなしという思いがするというのです。喜ばないのは煩悩のせいだと、みずからのあり方に思い至る、内省の深さを読みとることができます。

そして、阿弥陀仏は、私たちが煩悩具足の凡夫であることをすでに見通しておられるのだから、そういう凡夫を救おうという他力の悲願であることに気づかされて、ますます頼もしく思えると、説いています。「我らがためなりけり」の「けり」が効いていて、はっと気づいて驚き、深く胸に刻まれる様子を表現しています。他力念仏の核心に触れる思いです。

## 急いで浄土往生を求めないのはなぜ

唯円の二つ目の問いは、急いで浄土に往きたいと思わないのはどうしてか、でした。親鸞の回答は、やはり「煩悩のせい」です。急いで浄土に往きたいと思うどころか、ちょっとした病気でも、死ぬのではないかと心細く思うのも、煩悩のせいだというのです。

そして、次のように続けます。

久遠劫《くおんごう》より今まで流転せる苦悩の旧里は捨てがたく、いまだ生まれざる安養浄土は恋しからず候ふこと、まことによくよく煩悩の興盛《こうじょう》に候ふにこそ。

まず、はるか遠い昔から現在まで流転してきたこの苦悩に満ちた娑婆世界は捨てがたいというのです。まことにそのとおりですね。嫌なことばかりではないにしても、次々と苦しいことが起きてくるこの世界。今、地球環境そのものが危機的な状況の中、人類は、力による他国への侵攻、宗教や民族間の紛争、主義主張による内紛など、みずから平和を脅かしています。「武力による支配」が「正義」となって、いつ暴発するかもしれません。国内では、誰も経験したことのない少子高齢社会に直面して、第一次産業の後継者問題を通り越して、「消滅可能性自治体」が全体の四割にも及ぶという事態になっています。一方で、ひきこもりやいじめの多発など、子どもとその教育にも大きな課題が出てきています。全体として、住みにくい世の中になっているわけですが、それでも、そう簡単には棄てられるものではありません。

同時に、まだ生まれたことのない浄土は、素晴らしいところだと聞かされても恋い焦がれるところではないと思っています。これらはみな、この世から離れがたい気持ちが強く、実に激しい煩悩の身であることを物語っているとしか言いようがありません。

そして、名残惜しく思ってもついに、娑婆の縁が尽きて、いよいよ臨終になった時に、浄土に往生するのがよい、というわけです。そのように急いで往生したい気持ちがないどころか、死を迎えて正常に自分を見つめることができず、この世への後悔や執着心が捨てきれません。しかし、そうであるからこそ、すべてを包み込む無限の慈悲に身を委ねることによって、次の世界へと進んでいくことができるのです。そういう人々にこそ、阿弥陀仏は心をかけ、格別にいとおしく思っておられるのです。この切り替えの潔さは見事です。

ですから、「これにつけてこそ、いよいよ大悲大願は頼もしく、往生は決定と存じ候へ」というわけです。急いで死にたい、急いで往生したいといった気持ちが湧いてこない私たち凡夫は、どこまでいっても煩悩から抜け出すことはできない身です。すべてを悟って悠々と死んでいくなどということは、かなわない凡夫なわけです。しかし、そういう凡夫こそ阿弥陀仏の大慈悲に包まれるわけですから、身も心もお任せして浄土という新たな世界に生まれる、そういう大安心が生まれるのです。

心配事をかかえながら、あるいは孤独のままであっても、それらすべてを包み込んでしまう大きな懐に身を委ねて、新たな世界へと生まれていくのです。そして、すでに第四条で読んだように、浄土に往生した後、たちまち仏になって大慈悲をいただき、菩薩となって娑婆世界に還《かえ》ってきて、遺された家族をはじめ、すべての人々を救う活動をするのです。名残惜しいと言ってはいるが、命が尽きれば、きわめて自然に浄土に往生するという親鸞の心境が余すところなく語られているところでもあります。

# 12 他力とは「はからわないこと」である（第十条）

**【原文】**

念仏には無義[*]をもて義とす。不可称[*]不可説[*]不可思議[*]のゆゑにと仰せ候ひき。

そもそも、かの御在生の昔、同じく志をして歩みを遼遠[*]の洛陽に励まし、信を一つにして心を当来の報土にかけしともがらは、同時に御意趣を承りしかども、その人々にともなひて念仏申さるる老若、その数を知らずおはします中に、上人の仰せにあらざる異義どもを、近来は多く仰せられあふて候ふよし伝へ承る。いはれなき条々の子細のこと。

**【語句】**

**無義**　自力のはからいのないこと。

**不可称**　言葉に表すことができない。

**不可説**　説き尽くすことができない。

**不可思議**　思いはかることができない。

**遼遠の洛陽**　はるかに遠い都（洛陽）の意で、京の都をたとえている。

**【現代語訳】**

「他力の念仏は、自力のはからいのないことが本来の意味である。他力の念仏は、私たち人間の言葉で言いあてることはできず、説明することもできず、思いはかることもできないからだ」と言われました。

思えば、親鸞聖人がおられた昔、極楽往生の道を求めるという同じ志を持って、心を奮い立たせて、東国からはるか遠い京都の地にやって来て、ただもう本願を信じて浄土往生を願ってきた人々は、同じ本願の真実をお聞かせいただきました。しかし、その人たちに教化されて念仏を申す人々が数多くおられる中に、親鸞聖人の言われたこととは違った考えを主張する者が、最近は多くおられると伝え聞いております。それらは根拠のない考えであるということを事細かに述べていきます。

## 「無義」をもって「義」とす

すでに解説したように、『歎異抄』は、序文の後、本論Ⅰとしての「親鸞の語録」が第十条で終わります。この第十条は、内容が大きく二段に分かれていて、前段が親鸞の語録のまとめともいうべき内容であり、後段は、本論Ⅱ「唯円の異義嘆」の序文にあたります。つまり、初めの「念仏には無義をもて義とす。不可称不可説不可思議のゆゑにと仰せ候ひき」と、第二段目「そもそも」以下とでは、内容がまったく違うのです。

そのため、本来は二つに分かれていたのではないかとの意見もありますが、唯円が書いた原本が残っていないため、最終結論は出せません。ですから、第十条は、本論Ⅰのまとめと本論Ⅱの序文、すなわち、つなぎの文章と位置づけることができます。

いきなり「念仏には無義をもて義とす」とあります。きわめて短い表現ですが、ここに他力の本質が込められています。他力念仏は、自分でもついうっかり自力念仏になっていたり、誤解されたりするため、親鸞はさまざまな表現によって、説得を試みてきました。これもその一つといえます。

「無義」は、普通には「意味のないこと」という意味です。しかし、念仏は意味のないことを義（意味）とするでは、意味が通りません。親鸞は著書『尊号真像銘文』でその意味を説明しています。

他力には義のなきをもて義とすと、本師聖人の仰せごとなり。義といふは、行者のおのおののはからふ心なり。このゆゑにおのおののはからふ心を持たるほどをば自力といふなり。

（他力においては義のないことをもって本来の意味とすると、法然聖人が言われている。義とは、行者がそれぞれに思いはからう心のことである。だから、それぞれが思いはからう心を持っているのを自力というのである）

「義」の意味について、「（行者の）はからふ心」と定義していて、それは自力の心であるとしています。ですから、「無義」とは、「意味がない」ではなく、「自力のはからいのないこと」をいいます。

また、この言葉は法然聖人から教えられたものであることがわかります。親鸞は生涯にわたって法然を師と仰いでいますが、重要な語句そのものをも引き継いでいます。

「無義の義」や「義なき義」という表現は、このほかにも、消息（手紙）の中にいくつか書き残されています。親鸞にとってはたいへん重要な言葉としていたことがわかります。手紙の内容は東国の門弟たちへの励ましや疑問への回答などですが、他力念仏を説得するための重要な言葉として、この「無義（義なき）をもて義とす」というフレーズを使っていたと思われます。短くてわかりやすいという特徴があります。

次に、「不可称不可説不可思議のゆゑに」とあります。「不可」はできないことを意味しますから、「称・説・思議」のどれもできないからだというのです。どのような手段を講じても、人間の力ではとらえられないことを意味しています。ですから、はからいのないこととしか言いようがないというわけです。

それは阿弥陀仏のはたらきだからで、人間の力では思いはかることができないものとして位置づけられています。第一条でも、「弥陀の誓願不思議」と表現されていました。私たち人間でははかり知ることのできない阿弥陀仏のはからい（はたらき）のことでした。

ここまでが、前半のまとめとなっていて、以下は、後半（異義嘆）の序文となっています。そのため、「中序」（中間に設けた新たな序文）と位置づけられています。

## 親鸞亡き後の数々の異義

「そもそも、かの御在生の昔」から始まるこの文は、極楽往生の道を求め、心を奮い立たせて、命がけで東国からはるか遠い京都の地にやって来た人々との共通体験に基づいています。その人たちは私（唯円）と同じくただもう本願を信じて浄土往生を願ってきた人々で、同じ本願の真実を親鸞聖人から直接お聞かせいただいた人たちです。同じ時間に同じ場所で一緒に聞いたのですが、その人たちに教えられた次の世代（孫弟子）の中に、親鸞聖人が言われたこととは違った考えを主張する者が最近は多くいると、唯円は伝え聞いているわけです。こうした聞き違いは、曲解するつもりはなくても、皆さんも「伝言ゲーム」で経験済みでしょう。また、日々の生活でもあることです。

そこで、唯円は、こうした誤解をなんとしても正したいという強い気持ちで、簡潔に「いはれなき条々の子細のこと」と言っています。こうした誤解は「いはれなき」（根拠のない）ことであって、「子細」（こと細か）にわたって明らかにしていきますという意味です。つまり、以下の条文は、具体的な内容を一つひとつあげて、どのような考え違いかを明らかにしていくという、序文にふさわしい言葉となっています。

続いてそれらの条文（第十一条から第十八条）の解説になりますが、紙幅の関係で、解釈のみとなります。

# 13 唯円による異義嘆の数々（第十一条〜第十八条）

## 誓願不思議か名号不思議か（第十一条）

誓願不思議か名号不思議のどちらが大事か、つまり、阿弥陀仏の本願を信じることと念仏とではどちらが大事か、がテーマになっています。

一つの文字も知らない人たちに対して、「誓願不思議」と「名号不思議」のどちらを信じるのかと、いかにも物知り顔で、おまえたちは何も知らないだろうと上から目線の言い方で詰め寄ってくる人たちがいたのです。

唯円は次のように論点を整理していきます。

阿弥陀仏は「誓願不思議」のはたらきによって、持続可能で、実に称えやすい「南無阿弥陀仏」という名号を考えてくださった。そしてこの名号を称える人々を浄土に迎えようと約束してくださったと述べて、「誓願不思議」と「名号不思議」は別物ではないということを明らかにしています。そして、その根拠を解説します。

阿弥陀仏の大いなる慈悲（誓願不思議）によって、この迷いの世界から抜け出ることができると信じると、自然に念仏（名号）が口をついて出てくる。それは阿弥陀仏のはからいであって、みずからのはからいを交じえないから、真実の浄土に往生ができるのだと、説きます。ですから、誓願と念仏は実は一つであって、分けることができないものなのです。

次に、「辺地懈慢《へんじけまん》」「疑城胎宮《ぎじょうたいぐ》」という聞きなれない言葉が出てきます。この二つは同じことを別の側面から表現したもので、「真実の浄土に達するまでの仮の浄土」という意味です。

「辺地懈慢」の辺地は真実の浄土ではなく辺境の地のことで、懈慢は浄土往生を願う者のうち自力に頼ろうとする者が往き生まれるところを意味します。また、疑城胎宮とは、阿弥陀仏の本願を疑う者の生まれるところで、まるで母親の胎内に入ったような状態であることを意味します。五百年間閉じ込められるとされていますが、それは永遠ではないという意味でもあり、仏を信じ、疑いが晴れれば真実の浄土に往生できる道が開かれています。

このように、仮の浄土に生まれたとしても、最終的には真実の浄土に往生することができるのは、名号の不思議な力によると言い切っています。そしてそれは、まさに阿弥陀仏の誓願の不思議な力によっているのであって、この二つは分けることのできないものであると結論づけています。

## 多様性・寛容の精神（第十二条）

経典などを学ばなければ浄土往生ができないという考えを批判している条です。経典や注釈書などを学ばない人々は、浄土への往生ができるかどうかわからないという考えは論ずるまでもないことであると、まず全否定しています。

そして、正しい教えは、「本願を信じ念仏を申さば仏になる」であって、念仏のほか、どのような学問が必要なのか、何も要らないと、きっぱりと言い切っています。この短いフレーズが浄土教の教えの根本を言い尽くしていて、ここさえわかれば学問は特に必要としないと、学問の位置づけをしています。

しかし、この真実を信じられない人、迷っている人は、なんとしても学問して、本願（真実の教え）について知らなければならないとも付け加えています。学問とは、教えを正しく深く知るためには重要なことだとしているわけです。

経典や注釈書を学んでこそ真に浄土往生ができるという人たちへの批判について、浄土門と聖道門の違いに焦点をあてて、具体的に論じていきます。

浄土門では、文字を一つも知らず、まして経典などの内容も知らないような人たちが、称えやすい名号（念仏）によって、浄土往生を求めていきます。それで、易行というのに対して、聖道門は、学問を中心にしていくので、難行というのだと指摘しています。浄土門は誰にでも開かれている仏道であり、聖道門は特定の人（能力のすぐれた人）の仏道であるととらえているのです。

他の宗派の人たちがこぞって、念仏はつまらない者のためのものだとか、教えそのものも浅くて品がないとか言っても、決して言い争うことではない。確かに能力のすぐれた人たちにはつまらない教えだとしても、私たちのような、文字も知らず、愚かな凡夫にあっては、「信ずれば助かる」という教えを信じているので、この上ない教えなのだと思っていることが大切なのだと諭しています。

宗教の世界では、特に信仰するうえで、自分の宗教こそが最高であり、これしかないと思い込んでしまう傾向にあります。そのため、他宗は間違っているとして、敵対心を持ってしまいます。しかし、人の信じる世界はさまざまであって、自分にとって信じる道はこれだと深く信じることとの大切さを示唆しています。

宗教上の争いは、今も各所で展開されていて、世界では、それが元で紛争が絶えません。この唯円の言葉は、世界の宗教的な課題に一つの光明を与えるものであるということもできます。

## 宿業とは（第十三条）

「本願ぼこり」とは、本願を誇る、本願に甘える、本願をあてにすることを意味します。どんな悪人でも救うという阿弥陀仏、その仏に甘えて、欲望のままに悪事をはたらいても救われると主張し、実行する人たちがいたのです。これが本願ぼこりの人たちです。そういう人に対して、本願を曲解または誤解しているとして、批判している人たちがいたのです。

ところが、唯円は、本願ぼこりの人ではなく、それを批判する人を批判しているのです。それは、本願を疑うことであり、「宿業がわかっていない」というのです。つまり、そもそも善行や悪行というのは、宿業によっているのだが、その点の理解がないからなのだというのです。

宿業の「宿」は、前世の、昔からのという意味があります。仏教では、私たちの生きる世はこの世だけではないと考えています。しかし、直前に前の世が具体的に存在するものではなく、前世から多くの「いのち」の継承があって、今の自分があるわけです。

この世に生命が誕生して以来、「いのち」が連綿と引き継がれてきています。私がこの世に生を受けるまでの宿世を遡《さかのぼ》ると、無数の「いのち」のリレーがあって、初めてこの私が生まれ出たことに気づきます。ホモサピエンスが誕生してからでも、気の遠くなる「いのち」のつながりを経ています。しかも、その「いのち」は、氷河期はもちろん、さまざまな災害や流行病、世界大戦等々といった危ういところを突破してきています。これらは、さまざまな原因や縁によってつながり続けてきた結果であると、仏教はとらえます。

そもそも私たちは、今、人間として生を受けていること、日本で生を得たこと、男または女であることなど、存在自体を自分の意志で選んではいません。友人関係や恋人関係・夫婦関係も、確かに自分の最終的な意志決定によって成立したはずですが、そこには、自分の意志以外の何か（因や縁）がかかわっているわけです。

そう考えると、今の自分の善悪の行為は、その行為に至るまでのさまざまな因や縁によっていることは明らかです。「宿業」をこのように解釈すれば、善行や悪行は、宿業が大いに関係していることが理解できます。

したがって、私たちがこの世で行う善行や悪行は、こうした前世からの因や縁によるのですから、悪行を批判するのは間違っているというわけです。少なくとも、そのことで往生できないと判断するのは間違っているわけです。

以下、親鸞との具体的なやりとりを紹介しながら、宗教的な理解の模様を展開していきます。よく知られている「人千人殺してんや」（人を千人殺してくれないか）というエピソードです。それを要約すると、以下のようになります。

親鸞聖人が唯円に、私の言うことを信じ、背かないのであれば、人を千人殺してくれないかと言われて実行できるかと言われた。唯円は一人も殺すことはできないと答えたところ、何事も自分の心のままにできるなら、浄土往生のために千人を殺せと言われれば殺すことができるはずだ。しかし、自分の心が善いから殺さないのではなく、殺すことのできる縁がないから殺さないのである。また、殺すまいと思っても、百人、千人を殺すこともあるに違いない、と言われた。

人を殺せないのは、そうなるだけの条件（因や縁）がそろわないからであって、決して自分の心が善いからではないというのです。逆に、他人を傷つけたり、殺したりしようと思っていなくても、条件がそろえば犯行に及んでしまうというのです。ロシアやウクライナ、イスラエルやハマスの兵士たちは、殺したくなくても、目の前の敵を殺してしまうわけです。

言い換えると、どんなに努力をしてもどうにもならないのが私たちの生であって、だからこそ、阿弥陀仏の救済を必要とするわけです。

## 感謝の念仏（第十四条）

たった一回の念仏によって、気の遠くなるような長い間、苦しみ続けた重い罪が消えると信じるがよいという、念仏による滅罪の考えを批判している条です。

具体的にいうと、非常に重い罪を犯した罪人が、日ごろはまったく念仏など称えたことがないのに、今まさに死ぬという時になって、「善知識」（教えを導く念仏者）の教えに従って初めて一回念仏を申したとします。すると、たちどころにその重い罪が消えて、浄土に往生することができるというのです。そういう念仏による滅罪を信じるのは問題があるというのが、唯円の主張です。

唯円は、阿弥陀仏を信じて念仏すると、必ずその光明に照らされて、二度と壊れることのない信心をいただくので、その時点ですでに正定聚《しょうじょうじゅ》の位につかせていただいているからであると説きます。

「正定聚」とは、正《まさ》しく浄土往生が定まった人たちを意味します。平たくいえば、浄土行きの切符が手に入った人たちということです。

親鸞は、正定聚の位に入るのは生前のことと解しました。法然も含めてインド・中国・日本の浄土教の高僧たちは、すべて、死後に正定聚の位に入るとしてきたのですから、親鸞が大きく舵《かじ》をきったということができます。

しかし、誤解してはならないのは、死後に浄土往生が確約されたというのであって、生きているうちに浄土往生がかなうというのではありません。約束されているわけですから、すべてを阿弥陀仏に任せきったゆるぎない境地を得たということです。この感覚は生きるうえで大きな役割を果たしています。

そこで、念仏は何のためにするのか。唯円は次のように展開します。

罪深い私たちは、阿弥陀仏の本願によってこそ救われるのであるから、一生の間、称える念仏は、すべて阿弥陀仏の大いなる慈悲への報恩と御徳への感謝であると思わねばならないと明確にしています。

念仏は、称えることによって何かを得るものではなく、ただひたすら感謝の念仏なのです。これを「称名報恩」の念仏といいます。

神仏に祈るといった現在の宗教的な習慣は、希望を祈って（拝んで）、その御利益にあずかろうとするのが一般です。無病息災・商売繁盛・合格祈願・苦しむ先祖の供養等々の願いをです。しかし、常識的に考えても、神仏への祈りは気休めにはなっても、御利益がかなうわけがありません。

親鸞の教えである念仏は、御利益を求めるためではなく、あくまでも感謝の念仏であるわけです。感謝に関して、親鸞は次のような和讃を詠じています。

如来大悲の恩徳は　身を粉にしても報ずべし　師主知識の恩徳も　骨をくだきても謝すべし

（阿弥陀仏の大いなる慈悲心には身を粉にしてでも報いていかねばならないし、釈尊や祖師方の恩徳にも骨を砕いてでも感謝しなければならない）

阿弥陀仏や釈尊、それに祖師方への恩や徳は、「身を粉にしても」「骨をくだきても」感謝するものだと、同じ感謝でも尋常ではありません。全身全霊をもって感謝するという真剣なものです。オーバーな表現ではなく、おそらく親鸞自身の実感として詠じているものと想像します。

## 即身成仏は不可能（第十五条）

煩悩を持ったまま現世において仏になるということ（即身成仏）について批判している条です。そもそもこの即身成仏という教えは、真言宗（空海が開いた真言密教）の根本教義であって、それは、三密によって成し遂げられると説いています。

三密とは、身密、口密、意密をいいます。修行者はそれを三業として、それぞれ、身体により手印（手指の組みあわせによる形）を結び、口に真言（真実の言葉）を読誦し、心に本尊（大日如来）の観想を行うことによって、衆生と仏とが相結びあい、衆生の信心と仏の慈悲心によって、この身のままでこの世で仏になるというものです。

しかし、これらの行によって悟りを開くことができるのは、能力のすぐれた人が厳しい修行をして、深い瞑想を果たしてこそであって、自分たちはあくまでも凡夫であるという認識に立っています。ですから、即身成仏などということは、とてもとてもかなうものではないと強く否定するわけです。自力では、どんな行をしたところで、煩悩から抜けきれないという凡夫の自覚が根底に貫いています。ですから、他力念仏によるしかないのです。

## 回心は一回きりである（第十六条）

阿弥陀仏を信じ、念仏の道を歩んでいる人も、日常生活において、ちょっとしたことに腹を立てたり、恨んだり、あるいは悪いことをしたり、口論をしたりします。凡夫である限りそうした人間関係を避けて通るわけにはいきません。むしろ、こうした問題をかかえている人だからこそ、凡夫というのです。

そこで、こうした悪い行いをするたびに回心する、つまり、反省し、悔い改めることによって浄土への往生を求めるというのは間違っているというのです。

同じ念仏の道場を開いている人でも、真面目で表向きに何も悪いことをしない人の方が、不真面目な人よりもすぐれているように思うのは自然です。ですが、それは人間をどうみるかということであって、浄土への往生はそれとは違うというのが、唯円の主張です。ここでいう「回心」とは、反省するといった意味で使われています。それは、回心とは言わないというのが唯円の立場です。

念仏の道においては、回心とは、それまでの考えを根本からひっくり返して、もっぱら阿弥陀仏の本願を信じる道に転換することです。

ですから、唯円は、念仏の道を求めている人にとっては、回心とは「ただひとたびあるべし」と言い切るのです。「ひとたび」というと、ある日突然に回心する、天地がひっくり返るような衝撃を受けて回心する、といった神秘的な、宗教的な体験をするような印象を持ちます。

しかし、親鸞は、自身の回心を『教行信証』（化身土巻）で次のようにたんたんと書いています。

然るに愚《ぐ》禿《とく》釈の鸞、建仁辛酉《かのとのとり》の暦、雑行を棄てて本願に帰す。

（ところでこの愚禿釈の親鸞は、建仁元年〈一二〇一年、二十九歳〉に自力の行を棄てて本願に帰依した）

こうした体験（ひとたび）は、人によってさまざまではないかと想像しています。法話を聞くうちに気づく場合もあれば、師の生き方をそばで見て感化されることもあり、法然や親鸞の言葉を読んで念仏の道に進む人もあるといったものではないでしょうか。

大事なことは、自力から他力念仏への変わり目は一回きりであるということです。毎朝毎晩、反省するというものではありません。残念ながらそういう人がいたのです。

阿弥陀仏の本願他力にお任せするといいながら、なかなかそうはならない人間の身勝手さを思わずにはいられません。悪人をこそ救うという本願ではあるが、ついつい、やはり善人が救われるのではないかと思ってしまうんです。

仏道修行に励んでいる立派な仏者に接すると、憧れ、教えを受けたくなったりします。あるいは念仏の道を歩んでいる人の中でも道徳的に立派な人を見ると、つい頭が下がります。こういう人こそ浄土に往生するのではないかと思うのも無理はありません。

信心が定まるというのは、ひたすら阿弥陀仏のはからいにお任せするということだから、一切、自分のはからいがあってはなりません。これが結論です。この主張を、以下のようにしみじみと唯円が語りかけています。

言動であれ、心中であれ、自分は悪いことをしているなあと自省するとしても、だからこそますます本願を信じるならば、ごく自然に落ち着いた気持ちが湧いてくるものです。自己のはからいを捨てて、「ただほれぼれと」阿弥陀仏のご恩が深くて重いことを、つねに思い出すのがよいのです。一切の「はからい」を捨てた境地を表現しています。

そうすれば、自然に念仏も口をついて出てくるのです。おのずとそのようになるということです。これが他力なのです、と結んでいます。

## 辺地往生も最後には真実の浄土へ（第十七条）

辺地に往生する人は、最終的には地獄に落ちてしまうに違いないという考えを批判したのがこの条です。

いったいこうした考え方の証拠となる文言がどこにあるというのか、どこにもないではないかと指摘しています。どうやら学者ぶった人の間から言い出されたことのようだが、実にあきれはてたことで、経典やその解説書をどのように解釈しているのでしょうか。どこにも書かれていませんよ、というわけです。

つまり、本願を疑っているために辺地に往生するのですが、原文では「化土に多く勧め入れられ候ふを」となっています。阿弥陀仏が辺地に往くよう勧めておられるという意味です。勧めておいて、そこから地獄へ突き落とすなどということは考えられません。辺地の中で本願を疑った罪の償いをして、真実の浄土に往生する、そのように聞いていますと唯円はやんわりと異義を正しています。

しかし、なぜ真実の浄土に往生できないのかが事の本質です。それは、第十六条と同じテーマで、自己のはからいを捨てられない、どこまでも自分自身をよりどころとしているといった自力の心に目が向けられているからです。それが真実の浄土往生を妨げているわけです。ですから、阿弥陀仏の本願に気づき、すべてをお任せするという他力の道に進むならば、最後には真実の浄土に往生できるというのです。

## 布施は信心あってこそ（第十八条）

寺や僧侶に寄進する金品の多少によって、大きな仏ともなり、小さな仏ともなるという考えを批判した条です。原文で「不可説なり、不可説なり」と繰り返しているところに、実にとんでもない話だと強く否定している唯円の苦り切った顔が見えてくるようです。

仏さまに対して大きな仏さま、小さな仏さまなどと私どもが仏の大小を語ること自体あってはならないと厳しく指摘しています。なぜか。

確かに仏さまの大きさは経典に説かれています。たとえば、『観無量寿経』に、想像もできない大きさの仏が登場します。それは「方便報身」といって、衆生を真の教えに導くための仮の姿なのです。本物ではないということです。本物（真実）の阿弥陀仏については、親鸞が『唯信鈔文意』で次のように述べています。

法身は色もなし、形もましまさず。しかれば、心も及ばれず、言葉も絶えたり。

（真実の仏は、色もなく形もない。だから、心に思い描くこともできず、言葉で言い表すこともできない）

このように、真実の仏さまは、色も形もないものだとしていて、大きいか小さいか、何色かなどを思い描くこと自体、私たちには不可能なことなのです。

ですから、寄進の金品の多少によって、大きな仏さま、小さな仏さまになるなどと説くのは論外であり、あってはならないと強く批判しているわけです。

また、寄進するのは仏になるための布施の行でもあると指摘しています。布施行で大事なことは、施す者も、施される者も、施物に対して一切の執着から離れてなされなければならないという点です。何かを施したからその見返りを期待するなどというのはあってはならないことです。

ここでは「信心欠けなばその詮なし」という短い言葉で真実を言い当てています。信心が欠けていたならば、どのような布施をしたところで意味がないのです。本願他力にすべてをお任せするという信心こそが大切なことなのです。

そして、最後に、「すべて仏法に事を寄せて、世間の欲心もあるゆゑに同朋を言ひおどさるるにや」と結んでいます。一般に誰にでも世俗的な欲望がありますから、仏の教えにかこつけて、同じ念仏者をおどすことになるのでしょう、と手厳しく批判しています。

ところで、布施行では、何かを施したからその見返りを期待するなどというのは布施の精神に反します。そういう意味で、日常的に誰にでもできる布施として、無畏施がありますす。その中で、たとえば『雑宝蔵経』の「無財の七施」で、貧富にかかわらず誰にでもきできる布施を説いています。

やさしい眼差しで人を見る「眼施」、やさしい顔で接する「和顔施《わげんせ》」、やさしい言葉をかける「言辞施」、体を使って人の補助などをする「身施」、乗り物その他で席を譲る「床座施」、心の中で人のことを思いやる「心施」、宿を貸す（提供する）「房舎施」の七つです。これらの布施は、お金も時間もほとんど使わずにできることですから、その気になれば誰にでもできることです。ある意味で布施の原点ということもできます。現在盛んに行われているボランティア活動も布施の延長線上にあるものと位置づけることができます。

布施の問題は、現代社会にも通じるテーマです。お寺にかかわるさまざまな行事（法要や葬儀、お参り、修繕や普請）に、必ず「お布施」がついてきます。何をどれだけお供えするのかという悩ましいことがらです。特に新しい宗教の場合は、弱みにつけ込んで金額の多少によって、救われるか否かの分かれ目になるなどと迫られると、ついついその気になって、気がついたら多額の金品を奉納していたといったことになります。気をつけたいところです。

# 14 念仏こそ浄土往生への正しい道である（後序）

**【原文】**（一）

右条々は、みなもて信心の異なるより事起こり候ふか。

故聖人の御物語に、法然聖人の御時、御弟子その数おはしける中に、同じく御信心の人も少なくおはしけるにこそ、親鸞、御同朋の御中にして御相論のこと候ひけり。

そのゆゑは、善信が信心も聖人の御信心も一つなりと仰せの候ひければ、誓観房*・念仏房*なんど申す御同朋たち、もてのほかに争ひ給ひて、いかでか聖人の御信心に善信房*の信心、一つにはあるべきぞと候ひければ、聖人の御知慧・才覚広くおはしますに、一つならんと申さばこそひがごとならめ。往生の信心においては、またく異なることなし、ただ一つなりと御返答ありけれども、なほいかでかその義あらんといふ疑難ありければ、詮ずるところ、聖人の御前にて自他の是非を定むべきにて、この子細を申しあげければ、法然聖人の仰せには、源空*が信心も如来より賜りたる信心なり。善信房の信心も如来より賜らせ給ひたる信心なり。されば、ただ一つなり。別の信心にておはしまさん人は、源空が参らんずる浄土へは、よも参らせ給ひ候はじと仰せ候ひしかば、当時の一向専修《せんじゅ》の人々の中にも、親鸞の御信心に一つならぬ御ことも候ふらんと覚え候ふ。

**【語句】**

**誓観房**　名は源智（一一八三〜一二三八）で平師盛の子（清盛のひまご）にあたる。十三歳で法然の門に入った。親鸞より若いが兄弟子である。

**念仏房**　名は念阿（一一五七〜一二五一）。元は天台宗の学僧だったが、法然の門に入った。

**善信房**　親鸞のこと。

**源空**　法然のこと。

**【現代語訳】**

以上述べてきたことは、すべて真実の信心と異なっていることから生じたのでしょうか。今は亡き親鸞聖人のお話に、次のようなことがありました。法然聖人ご存命のころ、お弟子は大勢おられたが、法然聖人と同じく真実の信心をいただかれている人は少ししかおられなかったのでしょう。親鸞聖人と同門のお弟子方との間で、信心をめぐって論じあわれたことがあったということです。

と言いますのは、親鸞聖人が、「この親鸞の信心も法然聖人のご信心も同じである」と言われたところ、誓観房（源智）・念仏房（念阿）などの同門の方々が、意外なほどに反論されて、「どうして法然聖人のご信心と親鸞の信心とが同じであるはずがあろうか」と言われたのです。そこで、親鸞聖人は「法然聖人は智慧も学識もすぐれておられるから、それが同じと申し上げるなら、それは間違いです。しかし、浄土に往生させていただく信心については、異なることはなく、まったく同じなのです」とご返答になりました。それでもなお、「どうしてそのようなことがあろうか」と納得せず、批難したので、結局、法然聖人の前でどちらが正しいか決着をつけようとして、この詳しいいきさつを法然聖人に申し上げたのです。すると、法然聖人は、「私、法然の信心も如来からいただいた信心です。親鸞の信心も如来からいただかれた信心です。ですから、まったく同じ信心なのです。別の信心をいただいておられる人は、私、法然が往生する浄土にはまさか往生なさることはありますまい」と言われたのです。ですから、念仏の道を歩んでいる人たちの中に、今でも親鸞聖人のご信心とは違っておられる方もあるのだろうと思われます。

## 法然の信心も親鸞の信心も同じ

冒頭に「右条々は、みなもて信心の異なるより事起こり候ふか」（以上述べてきたことは、すべて真実の信心と異なっていることから生じたのでしょうか）とあって、第十一条から第十八条に述べてきた内容は、真実の信心（親鸞聖人の信心）とは異なっているからでしょうか、と穏やかな書き出しになっています。

そもそも『歎異抄』は「親鸞聖人の教えとは異なっていることを嘆く」内容であり、異なっている人々への批判が目的ではありません。そのため、こうした柔らかい表現になっているのでしょう。あくまでも親鸞聖人の教えからみて違うのではないかというスタンスです。そのため、聖人のエピソードの紹介によって、教えを確認しています。

親鸞がまだ若く、法然の弟子として修行していた時、弟子たちの間で論争が起こりました。親鸞が「親鸞の信心も法然聖人の信心も同じである」と発言したところ、兄弟子たちが、そんなはずはないと反論したのです。

そこで親鸞は、智慧や学識が同じだと言えば間違いだが、浄土に往生する信心は異なることはないと答えました。それでも、兄弟子たちは納得せず、法然聖人にうかがうことにしました。

法然の回答は「源空が信心も如来より賜りたる信心なり。善信房の信心も如来より賜らせ給ひたる信心なり。されば、ただ一つなり」というものでした。

ここから、二つの意味を読みとることができます。一つは、他力念仏の信心は、高僧であれ庶民であれ平等であることを明確にしている点です。どのような人であっても、すべて阿弥陀仏からいただいた信心なのですから、同じ信心なのです。信心一つで平等に救われるというのが、他力念仏の大きな特徴です。

二つには、他力念仏がいかに難しいものかを物語っている点です。易行だけれど難信であることです。念仏そのものは易しい行ですが、真実の信心を獲得するのは難しいのです。親鸞の兄弟子として登場している源智と念阿は、いずれも法然の信頼を得ていた人です。特に源智は、少年のころから法然に弟子入りしてそばに仕え、最期も看取ったという法然の最も信頼していた弟子の一人なのです。そのような弟子でさえも、真実の信心について誤解していたわけですから、唯円は、今でも親鸞聖人とは違っている人もあるだろうと、心を痛めているわけです。

なお、このエピソードから、親鸞聖人こそ真に法然聖人の教えを引き継いだ人と唯円は考えていたこともわかりますし、それを引き継いだという唯円の自負も感じられる場面です。

ただ、側近の源智や念阿にとって、法然はいわば雲の上の存在であったと考えられますから、「法然聖人と親鸞が同じ」というフレーズ自体に拒否反応があったともいえます。

【原文】（二）

いづれもいづれも繰り言にて候へども、書きつけ候ふなり。露命わづかに枯草の身にかかりて候ふほどにこそ、あひともなはしめ給ふ人々御不審をも承り、聖人の仰せの候ひし趣をも申し聞かせ参らせ候へども、閉眼ののちは、さこそしどけなきことどもにて候はんずらめと、嘆き存じ候ひて、かくのごとくの義ども仰せられあひ候ふ人々にも、言ひ迷はされなんどせらるることの候はん時は、故聖人の御心にあひかなひて御用ゐ候ふ御聖教*どもを、よくよく御覧候ふべし。おほよそ聖教には、真実・権仮*ともにあひまじはり候ふなり。権を捨てて実をとり、仮をさしおきて真を用ゐるこそ、聖人の御本意にて候へ。かまへてかまへて聖教を見、乱らせ給ふまじく候ふ。大切の証文ども、少々抜き出で参らせ候ひて、目安にしてこの書に添へ参らせて候ふなり。

【語句】

**御聖教**　ここでは親鸞が聖教としていたものを指す。『唯信鈔』（聖覚）、『自力他力事』『後世物語聞書』『一念多念分別事』（以上、隆寛）、『唯信鈔文意』『一念多念文意』（以上、親鸞）などである。もちろん、『教行信証』をはじめとする親鸞の諸著作も含まれる。

**権仮**　「真実」に対する言葉で、「仮のもの」の意。真実に導くために仮に設けられた教えのこと。

**【現代語訳】**

どれもみな同じことの繰り返しではありますが、書き付けています。命もわずかで、枯れ草のような身になっている時にこそ、念仏の道を共にしている人たちに疑問もうかがい、親鸞聖人のお言葉にあった教えを申し上げますが、私が命を終えた後は、さぞかししっかりした考えもなくいいかげんになるのではないかと嘆かわしく思われてなりません。そこで、以上のような間違った教えを言いあっておられる人たちに、惑わされるようなことがあった時は、今は亡き親鸞聖人のお心にかなって用いられた御聖教をよくよくご覧になるのがよいでしょう。聖教というものには、真実の教えと仮の教えがまざりあっているのです。仮の教えは捨てて、真実の教えをとりたてることが、親鸞聖人のお心なのです。注意深く聖教を読んで、混乱させてはなりません。大切な証拠の文章である親鸞聖人のお言葉を少々抜き出し、箇条書きにしてこの書に添えさせていただきます。

## 聖教を手本とせよ

ここまで書いてきて振り返ってみると、どれもこれも同じことを繰り返し書き連ねてきました、と述懐しています。本願他力、他力念仏について語り、念仏一つで浄土往生ができることを明らかにして、そのためには「はからいを捨てて阿弥陀仏にお任せすること」が大事だと、さまざまな視点から述べてきました。

自己中心性という煩悩まみれの身にあっては、この「はからいを捨てる」ことがいかに難しいかということでもありました。そのため、真実の信心とは異なるものを次々と生み出してしまう、そういうことではなかったかと思うのです。

そこで唯円は、自分が生きている間は直接話もできますが、死んでしまったらと思うと心配でなりませんと、まるで遺言のように述べています。

さまざまな意見に出会って迷うようなことがあったら、「故聖人の御心にあひかなひて御用ゐ候ふ御聖教どもを、よくよく御覧候ふべし」とその指針を示しています。迷った時には、いつも親鸞聖人の心にかなった聖教をよりどころにせよというわけです。

親鸞が当時の東国の門弟たちに手紙を通じて勧めていたのは、兄弟子にあたる聖覚（一一六七～一二三五）の『唯信鈔』とそれを親鸞が解説した『唯信鈔文意』、同じく兄弟子の隆寛（一一四八～一二二七）の『自力他力事』『後世物語聞書』『一念多念分別事』と親鸞による解説書『一念多念文意』などがあります。これらが親鸞の心にかなった聖教です。もちろん、浄土三部経や『教行信証』をはじめとする諸著作も含まれます。先輩である聖覚と隆寛については、法然の教えを正しく伝えているとして、親鸞は尊敬していました。

なお、「大切の証文ども、少々抜き出で参らせ候ひて」とある「証文」とは何を指すのかという議論が早くからなされていますが、まだ定説はありません。

私は、少々抜き出した親鸞の言葉という表現から、この「後書き」の以下に書かれている親鸞の二つの言葉を指していると思っています。「親鸞一人がためなりけり」と、その後に出てくる「善悪の二つ、総じてもて存知せざるなり」です。内容については後で解説しますが、これは、多屋頼俊氏が『歎異抄新註』の「解題」の中で明らかにした考え方です。

**【原文】**（三）

聖人のつねの仰せには、弥陀の*五劫思惟《ごこうしゆい》の願をよくよく案ずれば、ひとへに親鸞一人がためなりけり。されば、それほどの業を持ちける身にてありけるを、助けんと思《おぼ》しめし立ちける本願のかたじけなさよと御述懐候ひしことを今また案ずるに、善導の「自身はこれ現に罪悪生死の凡夫、*曠劫《こうごう》よりこのかたつねに没みつねに流転して、*出離の縁あることなき身と知れ」といふ金言に、少しも違はせおはしまさず。されば、かたじけなく我が御身にひきかけて、我らが身の罪悪の深きほどをも知らず、如来の御恩の高きことをも知らずして迷へるを、思ひ知らせんがためにて候ひけり。

まことに如来の御恩といふことをば沙汰なくして、我も人も善し悪しといふことをのみ申しあへり。聖人の仰せには、善悪の二つ、総じてもて存知せざるなり。そのゆゑは、如来の御心に善しと思しめすほどに知り通したらばこそ善きを知りたるにてもあらめ、如来の悪しと思しめすほどに知り通したらばこそ悪しさを知りたるにてもあらめど、煩悩具足の凡夫、火宅無常の世界*は、よろづのこと、みなもてそらごとたはごと、まことあることなきに、ただ念仏のみぞまことにておはしますとこそ仰せは候ひしか。

【語句】

**五劫思惟**　人間では思いはかることのできない長い時間をかけて考えるということ。

**曠劫**　きわめて長く久しい過去。

**出離**　迷いの世界、煩悩の束縛から離れること。

**火宅無常の世界**　この世は、火のついた家のように、危険で、変化してやまないこと。

## 【現代語訳】

親鸞聖人はつねづね、「阿弥陀仏が五劫もの長い間思いをめぐらせて誓われた本願をよくよく考えてみると、ただただこの私、親鸞一人を救ってくださるためであったんだなあ。だから、私がそれほどに重い罪を持った身であったのに、救おうと思い立ってくださったこの本願の、なんともったいないことであろうか」としみじみとお話しになったことでした。このお言葉をまた改めて考えてみると、善導大師の「自分は、現に深く重い罪悪をかかえて迷いの世界にさまよい続けている凡夫であり、果てしない過去の世から今に至るまで、いつもこの迷いの世界に沈み、つねに生まれ変わり死に変わりし続けてきたのであって、そこから抜け出る縁などない身であると知れ」という尊いお言葉と少しも違ってはおられないのです。だから、もったいないことに、親鸞聖人ご自身のこととして述懐なさったのは、私どもが自分の罪悪がどれほど深いかも知らず、如来のご恩がどれほど高いかも知らずに、迷いの世界にいるのを知らせるためだったのです。

ほんとうに私どもは、如来のご恩を正しく理解しないで、互いに善いとか悪いとか、そうしたことばかりを言いあっています。親鸞聖人は「善と悪という二つのことがらについては、私はまったく知らない。なぜかというと、如来がそのお心で善と思われるくらいに善を知り尽くしているのなら、善を知っていると言えるだろうし、また如来が悪とお思いになるほどに悪を知り尽くしているのなら、悪を知っていると言えるけれども、私どもはあらゆる煩悩をそなえた凡夫で、この世は燃えさかる家のように移り変わるのであって、すべてのことがらは、いつわり・でたらめで、真実なるものは何もない。ただ、念仏だけは真実なのである」と言われました。

## 親鸞一人がためなりけり

後序の中に、親鸞がつねづね口にしていた味わい深い言葉を二つあげています。その一つが「弥陀の五劫思惟《ごこうしゆい》の願をよくよく案ずれば、ひとへに親鸞一人がためなりけり」です。阿弥陀仏が法蔵菩薩であった時、願を立てて、気の遠くなるほどの長い間あらゆる修行をして、それを成し遂げられたのは、よくよく考えてみると、私、親鸞を救うためだったのだなあ、と気づいたというのです。「～ためなりけり」の「けり」がその気持ちをよく表しています。はっと気づいた時の詠嘆の意味なのです。

何に気づいたのか。自分が「それほどの業を持ちける身」（それほどに重い罪を持った身）だからこそ、長い長い時間をかけて修行された、その思い入れ、思い立ってくださった慈愛に気づいたのです。煩悩まみれの自分を強く自覚するとともに、そんな自分を救うために死に物狂いで修行された仏がおられるという喜びの表現でもあります。この意味でも詠嘆の「けり」が効いています。

『無量寿経』に、法蔵菩薩が難行苦行の末、すべての人々を救うという願を成し遂げて、阿弥陀仏になるという物語が書かれています。もちろんこれは、仏からすべての人々へのメッセージですが、親鸞は「自分を救うために修行してくださった」と気づく、そう実感した瞬間が見事に表現されています。

ところで、唯円は親鸞のこの言葉について、善導の言葉と同じ意味なのだと書いています。つまり、自分（善導）は現に深く重い罪悪をかかえてさまよい続けている凡夫であり、果てしない昔から今に至るまで、いつもこの迷いの世界に沈んで、つねに生まれ変わり死に変わりし続けてきて、そこから抜け出る縁などない身であると言っている、それと同じなのだというのです。

いったいどういう意味なのでしょうか。これを理解するために、「二種深信《じんしん》」という言葉を通して読み進めます。

## 二種深信

二種深信とは、親鸞の教えを知る重要なキーワードの一つです。これは、信心のあり方を示していて、深く信じることが二種類あることを意味しています。何を深く信じるのか。

その一つが、ここにあげられている善導の言葉であり、親鸞の言葉なのです。

要点は、自分は重い罪悪をかかえて迷いの世界にさまよい続けている凡夫であり、いつも迷いの世界に沈み、そこから抜け出る縁などない身であると知ること（深く信じること）なのです。ですから、一つは、自分自身は重い罪悪を持った救われがたい者であることを深く信じるということなのです。煩悩まみれの自己に気づく、あるいは、やりきれない自分に気づくことといってもいいでしょう。これを「機の深信」と呼んでいます。

私たちは、なかなか自己中心の考え方、生き方からのがれられません。たとえば、何かを手に入れたいが人数制限がある場合に、行列ができている時、なんとか自分まではあってほしいと思うものです。また、台風がきた時、なんとか我が地方は外れてほしいと願ってしまいます。

こうした自己中心の感情はちょっとやそっとの修行では解決できません。いや、どんなに修行を重ねても難しいと気づいたのが、ほかならぬ親鸞だったのです。『歎異抄』第二条には「いづれの行も及びがたき身」（どんな修行も満足にできない私）と言っていました。

二種深信の二つ目は、「如来の御恩の高きこと」を信じるということです。救われようがなく、絶望のどん底にいる自分に、そういう人をこそ救おうとして気の遠くなるほどの長い期間、修行をして仏となった阿弥陀仏に出会い、本願にお任せすれば、必ず浄土に往生できることを知る、その喜びにひたること、つまり、深く信じることなのです。これを「法の深信」と呼んでいます。

このように二種の深信は、煩悩まみれの自己を自覚することと阿弥陀仏の本願を信じることですが、これは、他力の信心の二つの面を表していて、別々の深信（信心）ではありません。また、二種はどちらが先か後かではありません。阿弥陀仏の救いの手によって、あるいは救いの光によって、煩悩まみれで絶望のどん底にいる姿が照らし出されたということもできます。

いずれにしても、他力信心そのものを言い尽くしている言葉です。「機の深信」「法の深信」を合わせて「二種深信」といいます。

## 善悪の二つ存知せず

親鸞がつねづね口にしていた言葉の二つ目は「善悪の二つ、総じてもて存知せざるなり」です。何が善であり、何が悪であるのかわからないというのですが、その理由は、一口でいえば、仏さまの目を持っていないからというのです。私たちは煩悩まみれであり、しかもこの世は火のついた家のように危険で変化してやまないところであって、すべてのことがらは、いつわり・でたらめで真実なるものは何もないからだというのです。

親鸞にとっては真実なるものは何もなく、言えるとすれば、阿弥陀仏からいただいた念仏が唯一真実なのだというのです。なぜこのように言えるのでしょうか。キーワードは「煩悩具足」（煩悩まみれ）と「火宅無常」（変化してやまない）です。

煩悩にまみれている私たちは、善悪の判断をつねに自分の目をとおして行っています。違う言葉でいえば、何らかの形で自己中心的な思いで見てしまいます。自分にとって都合のいいものを「善」とし、都合の悪いものを「悪」としているのです。

親友が何かのトラブルに巻き込まれれば、親友のためになるかどうかで善悪を判断する一方で、親友と仲違いをした場合は、自分のためになるかどうかで親友を悪く言ったりするわけです。自分の善悪の判断はその時々の事情によって簡単に変化します。このように自己中心的な心からなかなかのがれることはできません。

世の中も、第二次世界大戦の前と後では、価値観ががらりと変わりました。封建的な考えから民主主義への転換はよく知られている変化です。戦前の善が戦後は悪になったりしています。極端にいえば、戦争中、相手を殺すことは善とさえなっていたのです。

現在でも、男女平等を善とする国がある一方で、厳しく女性差別をしている国もあるといった具合です。あるいは、ロシアのウクライナ侵攻やイスラムとパレスチナの紛争についても、国によって善悪の判断が違います。利害関係によって判断しているわけです。

このようにみると、人間界は、いつわり・でたらめしかないという結論に達します。しかし、日常における価値判断を否定しているわけではありません。生きていく限りは、つねに善悪の判断をしなければなりませんから。ただ、自分の都合というフィルターをとおして考えたり見たりした結果の判断にすぎないことを指摘しているのです。

それに対して、阿弥陀仏は完全な智慧を持つゆえに、ものごとの善悪を正しく判断することができるというわけです。その阿弥陀仏からいただいた念仏だからこそ真実であると結論づけられるのです。ですから、その念仏にすべてをお任せすることが真実の道というわけです。混沌とした現代にこそ、念仏が光を与えるものということができます。

**【原文】**（四）

まことに、我も人もそらごとをのみ申しあひ候ふなかに、一つ痛ましきことの候ふなり。そのゆゑは、念仏申すについて、信心の趣をも互ひに問答し、人にも言ひ聞かするとき、人の口をふさぎ、相論を断たんがために、またく仰せにてなきことをも仰せとのみ申すこと、あさましく嘆き存じ候ふなり。このむねをよくよく思ひ解き、心得らるべきことに候ふ。

これさらにわたくしの言葉にあらずといへども、経釈の往く路も知らず、法文の浅深を心得わけたることも候はねば、定めてをかしきことにてこそ候はめども、古親鸞の仰せごと候ひし趣、百分が一、片はしばかりをも思ひ出で参らせて書きつけ候ふなり。

悲しきかなや、幸ひに念仏しながら、直に報土に生まれずして辺地に宿をとらんこと。一室の行者の中に信心異なることなからんために、泣く泣く筆をそめてこれを記す。名づけて「歎異抄」といふべし。外見あるべからず。

**【現代語訳】**

ほんとうに、私も他の人もみな真実から外れたことばかりを言いあっておりますが、その中でも特に心の痛むことが一つあります。それは、念仏することについて、信心のあり方を互いに論じあい、他の人に説き聞かせる時、相手にものも言わせず、また、議論をやめさせるために、親鸞聖人が言っておられないことを聖人のお言葉とばかりに言ったりするのは、情けなく、悲しい限りです。このように述べてきた趣旨をじゅうぶんにわきまえて、心得ねばならないことです。

これらは決して私の個人的な言葉ではありませんが、経典や祖師方の注釈書に説かれた内容も知らず、仏の教えの深い意味をじゅうぶんにわきまえてもいませんので、きっとおかしなものだと思います。が、今は亡き親鸞聖人の言われたお言葉の趣旨の百分の一ほど、ほんの少しだけを思い出しまして、書きつけたのです。
なんと悲しいことでしょう、幸いにも念仏する身となっていますが、ただちに真実の浄土に往生しないで、方便の浄土にとどまるのは。同朋の中で信心の異なることがないように、涙にくれながら筆をとり、これをしたためたのです。名づけて「歎異抄」というのがいいでしょう。同門の人以外には見せてはなりません。

## 涙にくれて筆をとる

『歎異抄』も、いよいよ最後の言葉となります。唯円は、親鸞から生前に直接聞いた二つの言葉を書いた後、もう一度、同じ道を歩む人たちの間違いを指摘して、念押しをします。

自分こそが正しいと思って説き聞かせる時、相手にものも言わせずに、最後の切り札として、親鸞聖人のお言葉にはないことを持ち出しているのをみるにつけ、情けなく悲しい限りだと、悲痛な思いを語っています。もうよせ、こんなことは、という気持ちです。

唯円は続けます。今一度申し上げると、この『歎異抄』で書いたことは、私の個人的な言葉ではありません。経典や祖師方の書物に説かれた内容もよく知らないけれども、ほんの少しではあるが、親鸞聖人から直接お聞きした言葉を書いたものです。ですから、聖人の真実の言葉であることには違いありません、と遠慮がちではあるが、自信のほどがうかがえます。

念仏の道を歩んでいる身ではあっても、真実の浄土に往生できないのは、実に悲しいことです。どうぞ皆さま、そうしたことのないようにと涙にくれながら書きしたためたのです。その心をくみ取ってください、とあくまでも腰を低くしたもの言いになっています。

間違っている点を指摘はしているが、叱りつけるというのではなく、嘆き悲しむ姿勢を貫いています。ですから、名づけて「歎異抄」というのがふさわしいでしょう、となるわけです。

ただ、念仏の道を歩んでいない人には見せてはいけません、と結んでいます。最初から最後まで、同門の人たちの誤解を嘆き悲しんできたわけですから、同門以外の人にはますます誤解を与えてしまうに違いないとの思いから、こういう結びとなっています。

唯円自身の信心について語るというものではありませんが、念仏の道こそ、間違いなく浄土往生への道であることを堅く信じている唯円の姿がみえた作品ということができます。

# あとがき

書き終えてみると、『歎異抄』は、親鸞聖人の教えについて、さまざまな視点から説いた書であることがわかりました。聖人から直接聞いた言葉からだけではなく、周りの仲間たちの信仰や布教の様子から、あるいは仏典から、念仏とは何か、他力とはどういうことかについて語ったものでした。

阿弥陀仏は、煩悩まみれで、いかなる修行もまっとうできない私を救う仏さまであり、念仏を申すと必ず即座に救ってくださる。そしてこの「念仏一つで救われる」というきわめてシンプルで、それゆえ、誰でもいつでもどこでも称えることができる「易行」である点が特徴でした。しかも何者にも妨げられない、悠々とした仏道です。

ここでいう「念仏」とは、仏を心の中で念ずるのではなく、阿弥陀仏の名を称えることです。さらに、念仏によって功徳を積むとか、念仏によって亡き先祖の供養をするといった従来の念仏ではなく、新たな世界を切り開いたのです。つまり、称名念仏によって浄土に往生することができると、念仏自体の性格を大きく展開させたのでした。

それは、一口でいえば「他力念仏」です。念仏を申すのは私ですが、阿弥陀仏が念仏するよう喚《よ》びかけるのであり、阿弥陀仏のはからいによるのです。あくまでも自己のはからいのない、阿弥陀仏からいただく念仏でした。

念仏は、また、唯一の真実だという親鸞聖人の言葉がありました。私たちは煩悩まみれであり、しかもこの世は火のついた家のように危険で変化してやまないところであって、すべてのことがらは、いつわり・でたらめで真実なるものは何もないからだというのです。ですから、阿弥陀仏からいただいた念仏が唯一真実なのだと。

確かに、私たちは、何らかの形で自己中心的な思いでものごとを見てしまいます。自分にとって都合のいいものを「善」とし、都合の悪いものを「悪」としているのです。ですから、自分のためになるかどうかで、善悪の判断はその時々に簡単に変化します。

今（二〇二四年）、世界は、軍事的侵攻や紛争、対立といった大きな問題に直面し、不安と混迷の時代ということができます。これらは、国や地域によって善悪の判断が違うことから発生しています。やっかいなことに、こうした判断は、互いに「自分こそが正義だ」と、かたくなに思い込んでいるところからくだされます。ですから、紛争や対立は、いつも「正義と正義の闘い」になるわけで、止めようがありません。いわば真実のない世界の闘いです。

それに対して、阿弥陀仏は完全な智慧を持つゆえに、ものごとの善悪を正しく判断することができるというわけです。その阿弥陀仏からいただいた念仏だからこそ真実であると結論づけられるのです。

混沌とした現代にこそ、「自分こそが正義」という意識から少し立ち止まって、もしかすると相手にも「正義があるかもしれない」という謙虚な気持ちを持つことが、重要なことだと思うのです。多様性の共有、寛容の精神といった最近のキーワードにつながることでもあります。

このような目を開かせてくれるのが、他力念仏の道だと強く思うようになりました。念仏とは何か、今なぜ念仏かという問いに私なりの納得を得たともいえます。

末尾になりましたが、法藏館編集部の榎屋達也氏には、本書の企画の段階から原稿へのアドバイス等、貴重なご意見をいただきました。心からお礼申し上げます。

二〇二四年五月

田中好三

# 参考文献


多屋頼俊『歎異抄新註』法藏館、一九三九年
安良岡康作『歎異抄全講読』大蔵出版、一九九〇年
梯實圓『聖典セミナー　歎異抄』本願寺出版社、一九九四年
歎異抄研究会『歎異抄入門──親鸞と現代──』社会思想社、一九九五年
阿満利麿『無宗教からの『歎異抄』読解』筑摩書房、二〇〇五年
山崎龍明『歎異抄を語る』上・下、日本放送出版協会、二〇〇六年
親鸞仏教センター訳・解説『現代語　歎異抄──いま、親鸞に聞く──』朝日新聞出版、二〇〇八年
四衢亮『歎異抄にたずねて』法藏館、二〇一五年
釈徹宗『歎異抄　救いのことば』文藝春秋、二〇二〇年
岸見一郎『今ここを生きる勇気──老・病・死と向き合うための哲学講義──』ＮＨＫ出版、二〇二〇年
満井秀城『いまこそ読みたい　歎異抄』法藏館、二〇二〇年
中村桂子『老いを愛づる──生命誌からのメッセージ──』中央公論新社、二〇二二年

**田中好三**（たなか よしみ）

1943年、福井県若狭町生まれ。京都精華高校、京都府立宮津高校、木津高校、東稜高校、西宇治高校の教諭の後、洛西高校、北稜高校、桂高校の教頭を経て、北稜高校、朱雀高校の校長、聖パウロ学園教頭、副校長を歴任。2015年、社会人学生として龍谷大学大学院（真宗学）修士課程修了。
著書に『日本人のための基礎日本語』、『賢い人の日本語力』（共に鳥影社）、『こころの教育と生き方講話集』（共著、ジューン・ファースト出版部）、『親鸞と浄土仏教の基礎的研究』（共著、永田文昌堂）。

歎異抄を読む
――今、念仏に生きる意味を問う――

二〇二四年九月二五日　初版第一刷発行

著　者　田中好三
発行者　西村明高
発行所　株式会社　法藏館
京都市下京区正面通烏丸東入
郵便番号　六〇〇-八一五三
電話　〇七五-三四三-〇〇三〇（編集）
〇七五-三四三-五六五六（営業）

装幀者　野田和浩
印刷・製本　中村印刷株式会社


ISBN978-4-8318-8806-8 C0015

歎異抄　心に刺さるメッセージ　田代俊孝著　一、〇〇〇円

改訂新版　歎異抄講義　上　三明智彰著　二、二〇〇円

改訂新版　歎異抄講義　下　三明智彰著　二、七〇〇円

聖典読解シリーズ7　歎異抄　内藤知康著　三、五〇〇円

いまこそ読みたい　歎異抄　満井秀城著　二、六〇〇円

法藏館　価格税別